참자기가 이끄는
소인격체 클리닉 2

보호자들과의 작업을 위한 고급 IFS 기법 안내서

Jay Earley, PhD 지음 | 이진선, 이혜옥 옮김

Σ시그마프레스

참자아가 이끄는 소인격체 클리닉 ❷
보호자들과의 작업을 위한 고급 IFS 기법 안내서

발행일 | 2017년 6월 10일 1쇄 발행

지은이 | Jay Earley, PhD
옮긴이 | 이진선, 이혜옥
발행인 | 강학경
발행처 | (주) 시그마프레스
디자인 | 김경임
편 집 | 류미숙

등록번호 | 제10-2642호
주소 | 서울시 영등포구 양평로 22길 21 선유도코오롱디지털타워 A401~403호
전자우편 | sigma@spress.co.kr
홈페이지 | http : //www.sigmapress.co.kr
전화 | (02)323-4845, (02)2062-5184~8
팩스 | (02)323-4197

ISBN | 978-89-6866-932-3

Self-Therapy, Volume 2
A Step-by-Step Guide to Advanced IFS Techniques for Working with Protectors

＊ 책값은 책 뒤표지에 있습니다.

이 도서의 국립중앙도서관 출판예정도서목록(CIP)은 서지정보유통지원시스템 홈페이지(http://seoji.nl.go.kr)와 국가자료공동목록시스템(http://www.nl.go.kr/kolisnet)에서 이용하실 수 있습니다.(CIP제어번호 : CIP2017010616)

역자 서문

전반적인 IFS 프로세스를 다룬 참자아가 이끄는 소인격체 클리닉 제1권에 이어, 보호자를 집중적으로 다룬 제2권을 소개하게 됨을 기쁘게 생각한다. IFS를 자신과 내담자에게 적용하면서 평소에 의식적이든, 무의식적이든 얼마나 많이 우리의 겉모습에 신경을 쓰고 있는지 깨닫게 된다. 우리는 그것을 우리의 실체라고 여기며 살아오고 있다. IFS는 바로 그 심층에 자리한 우리의 진짜 모습을 들여다보게 해 주는 훌륭한 도구임을 다시 느끼게 된다.

프로이트의 방어기제들, 이를테면 억압과 부인, 전이와 반동 형성, 분열, 이상화, 투사, 통제, 사고, 수치심 방어와 같이 기존의 심리학에서 잘 알려진 메커니즘뿐만 아니라 사소한 일상에서도 속마음을 감추고 그럴듯한 우리의 모습으로 보이기 위해 매 순간 애쓰는 우리 자신의 모습을 보게 된다.

특히 내담자의 마음과 정신 세계를 회복시켜 주는 도우미 역할을 하는 상담자나 심리치료사는 자신의 내면에서 일어나는 역동을 알아차리고, 참자아 상태를 유지하려는 노력이 끊임없이 이루어져야 함을 절실히 깨닫는다. 그래서 사람의 마음을 다루는 전문가들은 IFS의 프로세스를 익히는 것에 앞서, 스스로가 참자아가 이끄는 성품을 지닌 참된 존재로서 삶을 살아야 할 필요가 있다.

이것이 IFS에서 이야기하는 참자아가 단순히 '긍정적 에너지'의 수준을 뛰어넘은 '영성'이 아니겠는가! 참자아는 전인적인 성품에 가깝다.

이진선, 이혜옥

추천사

제이 얼리의 참자아가 이끄는 소인격체 클리닉 제1권을 읽고 IFS 모델의 기본을 바탕으로 자신들의 내면 시스템에 대한 작업에 도움을 받았던 많은 독자들은 복잡한 내면 세계의 피할 수 없는 도전에 안내를 제공하는 제2권의 출간을 기뻐할 것이다. 우리의 보호적인 시스템은 복잡하고 베일에 가려진 동맹과 양극화의 거미줄을 형성하고 있어 우리의 내면 경관을 혼자서 가로지르려 할 때 우리를 당황스럽게 만든다. 제1권과 짝을 이루는 없어서는 안 될 이 책은 열성적이고 끈질긴 보호자들을 체계적으로 파악하고, 추적하며 협상하여 변화시키도록 안내하며 더 많은 참자아 리더십, 하모니와 평화를 당신의 내면 세계에 가져다주고 있다. 나는 경험적인 연습, 케이스 사례, 치료사를 위한 특기사항과 조견표로 돋보이는 제이의 철저한 방법론적 접근을 높이 평가한다. 지난 20년간 IFS 트레이너로서 나는, 자기 자신이나 동료에 대해 작업하고 싶어 하는 사람들뿐만 아니라 학생들, 대학원생들 및 IFS 트레이너들에게도 이 책을 추천한다.

– 수잔 맥코넬, IFS 수석 트레이너

참자아가 이끄는 소인격체 클리닉 제2권은 제1권에 이어 기다리던 새로운 속편이다. 이 책은 마음챙김을 통한 자기발견, 이해, 역량 강화의 여정 가운데 있는 누구에게나 없어서는 안 될 안내자라 할 수 있다. 전문가와 일반인 모두를 위해 쓰인 책으로 IFS 모델의 새로운, 불가결한 자원을 제공해 주고 있다. 제이 얼리는 놀랍도록 평이한 문체로 '얼른 눈에 띄지 않는' 패턴을 조명하며 능숙하게 치료의 걸림돌을 다리로 바꿔 줌으로써 흥미를 더해 준다. 얼리는 우리로 하여금 이 모든 탄복할 만한 혁신적인 부분 작업에 몰입할 수 있도록 흥미를 갖게 하면서, 훌륭한 예와 단계별 지도, 연습을 포함시켜 가며 독자들을 지원하는 자신만의 스타일을 고집하고 있다. 이 책은 당신의 IFS 트레이닝을 더 높은 수준으로 업그레이드시켜 줄 것이다.

– 로즈앤 키이프, 사회복지사

IFS 심리치료모델에 대해 실제적인 측면을 기술한 참자아가 이끄는 소인격체 클리닉 제1권은 많은 사람이 자신의 내면 세계를 스스로 탐색하고 변화시키도록 도와주었다. 그러나 한 권만으로는 지난 30년간 내가 개발한 많은 IFS 개념과 방법을 충분히 다룰 수 없었기에 제2권이 출간되었다. 여기에는 부분들 간의 양극화, 양극화 해소 방법, 유사 참자아 부분 및 그들을 감지하는 법, 작업을 유지하고 심화시키는 요령 등과 같은 중요한 개념에 대한 실제적인 측면이 명쾌하게 기술되었다.

– 리처드 슈워츠 박사, IFS 개발자
*IFS Therapy, You Are the One You've Been Waiting For*의 저자

차례

서론

저자의 책 참자아가 이끄는 소인격체 클리닉은 IFS(내면가족시스템 치료)에 대한 매뉴얼이다. 이 책을 통해 많은 사람들이 자신들의 심리적인 문제들을 해결 받았다. 자신들의 삶에 가져다준 변화를 이야기하는, 전세계에서 보내온 많은 이메일이 그것을 말해 준다.

참자아가 이끄는 소인격체 클리닉은 IFS를 사용하여 자신과 작업하는 법 그리고 동료 상담하는 법을 가르쳐 준다. 또한 치료사들에게 IFS의 기초와 내담자와 IFS를 효과적으로 사용하는 법을 철저히 학습하도록 해 준다. 참자아가 이끄는 소인격체 클리닉이 2009년에 출판된 이후 거의 25,000부가 판매되었고 여전히 잘 팔리고 있다. 이것은 이 책의 질 뿐만 아니라 IFS의 효과성과 사용의 용이성을 증명해 주는 일례이다.

IFS는 리처드 슈워츠 박사가 개발하여 2005년 이후 미국과 전세계에 급속하게 확산되고 있는 강력한 개인치료 방법이다. 사용하기 쉽고, 영적 지향적이며, 심리적 외상뿐만 아니라 다양한 심리문제에 대한 작업에 매우 효과적이다. 슈워츠는 IFS 전문훈련 기관Center for Self Leadership의 설립자이다. 이 훈련과 그 밖의 IFS에 대한 정보를 얻으려면 www.selfleadership.org를 보라.

　참자아가 이끄는 소인격체 클리닉은 IFS의 서론이며 많은 중요한 주제들을 모두 포함시킬 수는 없었다. 저자는 처음 참자아가 이끄는 소인격체 클리닉을 저술한 이후 몇 년에 걸쳐 IFS에 대해 배웠던 많은 다른 내용과 함께 제1권에 없는 기법들과 통찰들을 포함하는 속편을 저술하기로 마음먹었다. 제1권은 저자가 수년 동안 가르쳐 왔던 IFS 기초반과 추방자반을 기반으로 하였다. 참자아가 이끄는 소인격체 클리닉이 출판된 이후, 저자는 또한 전문가들뿐만 아니라 일반 대중을 대상으로 IFS 고급반을 가르쳐 왔다. 이 교육반 교육 내용이 이 책의 기반이 되었다.

　이 책의 몇 장은 저자의 다른 두 권의 책 참자아 리더십의 조기복원과 내면갈등 해결하기에서 발췌하였다. 저자는 이 책들 안에 있는 통찰을 모든 사람에게 전해 주는 것은 중요한 일이라고 생각한다.

　일단 이 책을 쓰기 시작하면서 또다시 한 권에 다 들어가지 못할 분량의 자료가 남아 있다는 것을 깨달았다. 그래서 참자아가 이끄는 소인격체 클리닉 제2권 이후에도 계속해서 참자아가 이끄는 소인격체 클리닉 시리즈가 나올 것이다. 이 IFS의 고급 정보를 세상에 소개하는 것을 매우 기쁘게 생각한다.

　이 책의 몇 가지 주제는 Center for Self-Leadership에서 제공하는 IFS 훈련 과정에서 가르치는 것이고, 어떤 것은 저자 스스로 개발한 것이다. 어떤 주제는 IFS의 표준에 해당하는 내용이며, 어떤 것은 IFS의 연장, 또 어떤 것은 IFS를 특정 심리문제에 적용한 것이다.

　제1장은 부분들의 추적과 회기에 대한 기록의 중요성을 논의하고 그 방법을 보여준다. 제2장은 표적 부분을 바꾸는 시점이 언제며, 선

택한 표적 부분을 끌고 나아가야 하는 시점이 언제인가 하는 중요한 질문을 다룬다. 제3장은 IFS의 두 가지 유형의 보호자인 관리자와 소방관 사이의 차이를 소개한다. 제4장과 제5장은 부분들 간의 내면 갈등인 양극화를 다룬다. 이러한 갈등을 해소하기 위한 과정을 단계별로 자세히 설명한다. 제6장은 당신이 현재 지니고 있는 성인으로서의 역량을 이해함으로써 긴장을 늦추고 당신과 협력할 수 있도록 보호자들을 과거 기억으로부터 벗어나게 하는 방법을 논의한다. 제7장은 참자아 상태를 이끌어 갈 수 있도록 보호자를 설득하는 방법을 보여준다. 제8장은 유사 참자아 — 자신들이 참자아라고 믿기 때문에 실제로 IFS 프로세스를 방해하는 — 부분들을 다루며, 그 부분들을 파악하고 다루는 방법을 설명한다.

이 책의 사용법

이 책은 전문가들뿐만 아니라 일반 대중에게도 유용하다. 이 두 그룹의 청중에게 다가가기 위해서 다음과 같은 접근법을 취하였다. 기본적으로 IFS를 사용하여 자신에 대해 작업하고 싶어 하는 일반인을 위해 쓰였으나, 모든 내용은 내담자들에게 IFS를 사용하고 싶어 하는 치료사들에게도 유용하도록 하였다. 그 밖에 치료사들을 향한 코멘트로서 '치료사 노트'라는 참고정보를 덧붙였다.

이 책은 참자아가 이끄는 소인격체 클리닉의 속편이므로 제1권을 이미 읽었거나 IFS 제1단계 전문훈련을 받았다고 가정한다. 따라서 이 책은 IFS의 기초적인 내용을 다루지 않는다. 독자는 그 내용을 알고 있다고 가정하고 거기서부터 진행한다. 이 책을 읽기 전에 참자아가 이끄는 소인격체 클리닉에 대한 이해를 되살리기 위해서는 부록 A에 있는 조견표를 다시 읽어 보라. 만약 그것만으로 참자아가 이끄는 소인격체 클리닉의 개념들이 충분히 머릿속에 들어오지 않는다면, 이 책을 읽기 전에 제1권을 복습해 보기를 권한다.

현재 학습하고 있는 IFS 기법을 숙달할 수 있도록 이 책 전체에 경험할 수 있는 연습을 실어놓았다. 실제로 어떻게 효과를 가져다주는지 경험적으로 배울 수 있도록 이 연습을 친구들과 함께해 보기를 권한다.

이 책에서는 때때로 부분들 유형 간의 관계를 보여주기 위해서 패턴 시스템을 사용하였다. 패턴 시스템은 성격을 이해하고 진단하기 위해 저자가 개발한 체계적이고 종합적인 방법이다. 패턴 시스템 개론을 이해하기 위해서는 부록 C를 보라.

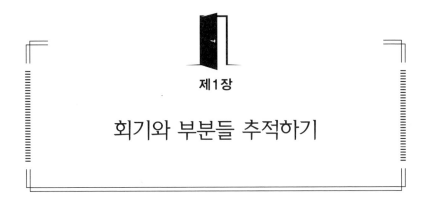

제1장

회기와 부분들 추적하기

IFS 매 회기가 끝난 직후 그 회기에서 어떤 일이 있었는지 기록하며 등장하였던 서로 다른 부분들을 추적하는 시간을 갖도록 한다. 이것은 몇 가지 이유에서 유익하다.

1. 당신이 IFS 회기 중일 때는 아마도 변형된 상태에 있을 것이다. 따라서 시간이 지난 다음에는 그 당시 어떤 일이 일어났었는지 분명히 기억하기 어려울 수 있다. 의식의 한 상태에서 일어나는 학습은 종종 다른 상태로 쉽게 옮겨지지 않기 때문이다. 기술적인 용어로는 상태의존적 학습이라고 한다. 따라서 회기 종료 후 작업의 내용이 마음속에 선명하게 남아 있을 때 바로 기록한다.

2. 추방자의 치유를 심화시키고 보호자가 일상생활에서 어떻게 당신의 행동에 영향을 끼치는가 체크하기 위해서는 회기 중에 작업하였던 부분들을 추적하는 것이 중요하다. 기록하는 것은 추적할 필요가 있는 부분들을 기억할 수 있도록 도와준다.

3. 만약 IFS 단계를 모두 끝내지 않고 한 회기를 종료한다면 (종종 일

어나는 현상이기도 하지만) 바로 전 회기에서 중단되었던 지점에
서 다음 회기를 이어가기 시작하는 것도 좋은 생각이다. 그 부분
을 다시 접근할 수 있도록 돕기 위해서는 어떤 부분과 시작하였는
지, 그 부분과 어느 정도 진행되었는지 바로 전 회기에서 어떤 모습
이었고, 어떤 느낌이었는지 기록을 통해 기억이 새로워질 것이다.

치료사 노트

기억력이 아주 좋지 않은 이상, 방금 했던 IFS 회기에 대해 기록할 것을
권한다. 저자는 이렇게 하며 다음 회기 전에 이 노트를 다시 읽는다. 이
런 노트가 저자에게는 매우 큰 도움이 되었다.

회기에 대한 노트

두 가지 형태의 기록을 권한다. 회기에 대한 기록과 부분들에 대한 기
록이 그것이다. 본 섹션은 회기에 관한 것이다. 부분들에 대한 것은
다음에 나온다.

회기마다 작업하였던 주요 부분들은 어떤 것들이 있으며, 어떤 일
이 일어났고, 각 부분에 대해 얼마나 깊이 IFS 프로세스로 들어갔는
지 추적한다. 자세한 정보가 많을 필요는 없다. 주요 정보만으로 충분
하다. 보다 깊은 이야기를 일기로 쓸 수도 있다. 3회 연속 회기에 대한
매튜의 기록을 예로 들어 보자(이 기록에서 그는 각 부분들을 '그' 혹
은 '그것'으로 지칭하고 있다.)

● 제1회기

죄책감을 짊어진 추방자는 내게서 도움을 얻을 것으로 생각하고 희망에
　차 있다.

어둠도, 혼자 있다는 것도, 잠을 자러 가는 것도 두렵다.

식탁에서 부모 간의 긴장이 그를 불안정하고 두렵게 만든다.

부모는 그를 사랑하지 않았다.

어머니는 늘 심각하고, 기분이 좋지 않았으며 애정에 굶주려 있었다.

그것은 그가 두려워하였던 어둠이었다.

어머니가 그토록 어두운 것은 자신의 잘못 때문이라는 죄책감을 느꼈다.

다섯 살 때였다.

때때로 어머니는 자신이 우는 것이 그 때문이라고 탓하였다.

그가 유아원에서 한 아이를 놀렸다가 꾸중을 들었기 때문에 죄책감을
　느끼고 있다.

내 왼쪽 옆구리에 죄책감을 짊어진 추방자가 느껴진다.

알아주었으면 좋겠다고 한다.

어머니가 자유롭고 튼튼한 모습을 보았으면 한다.

내가 이해해 준다고 느낀다.

● 제2회기

부모님이 늙어간다는 사실에 **하얀 보호자**는 외롭고 당황스러워한다.

어머니의 얼굴은 돌같이 굳어졌고 어머니는 그의 말에 반응이 없었다.

어머니는 그를 필요로 했었고 말씀이 많았었다.

어머니는 두려워했고 기분이 그리 좋지 않았다.

그는 어머니를 도우려 애썼으나 소용이 없었기에 지쳐 가고 있었다.

하얀 보호자는 어머니를 기분 좋게 해드리려고 애썼다. 그렇지 않으면
　일이 엉망이 되고, 암울해지며, 혼돈 상태가 되기 때문이었다.

또 다른 추방자. 두려움에 떨며, 외로워하고 불안해함

내가 그 부분을 제쳐 놓았기 때문에 그 부분은 나를 신뢰하지 않는다.

내가 안심시켜 주었으나 그것으로 충분치 못했다.

● 제3회기

죄책감을 가진 추방자. 악의를 품고 화가 나 있다.

하얀 보호자. 분노는 위험하고, 나쁘며, 악하다고 믿고 있다.

화를 내서 어머니가 나를 거부하고, 그로 인해 어머니와의 끈이 끊어질
까 봐 두려워하고 있다.

독립적인 부분. 하얀 부분을 업신여긴다.

검은 거대한 돌기둥 같음. 옆으로 물러선다.

하얀 부분의 임무는 어머니를 기쁘게 해드리고 어머니가 자기를 거부하
지 못하도록 하며 죄책감을 가진 추방자를 덮어 주는 것이었다.

분노를 표출할 경우, 통제하는 부분은 혼돈과 고통과 공포를 염려하고
있다.

죄책감을 가진 추방자는 어머니가 자기를 남자가 되도록 허락하지 않았
기 때문에 화가 나 있다.

그 추방자는 이미지를 통해 분노를 표출한다.

이제 죄책감을 가진 추방자는 더 어린아이가 되어, 내가 어렸을 적에 해
볼 기회가 전혀 없었던 분노를 신경질 형태로 표출한다.

통제하는 부분은 이제 목표 지향적인 새로운 역할을 떠맡을 준비가 되었다.

하얀 부분은 이제 행복하다. 그 부분은 노랗고 단단한, 미소 짓는 공이
되었다.

부분들에 대한 노트

회기 노트뿐만 아니라 당신이 작업한 중요한 부분에 대한 기록지를 보관해 놓는 것이 좋다. 십중팔구 당신은 몇 달의 간격을 두고 여러 회기에서 각 부분에 대해 작업하게 된다. 따라서 그 정보를 쉽게 손이 닿을 수 있는 곳에 보관하도록 한다.

그런데 당신에게 부분이 많더라도 기분 나빠하지 마라. 이것은 당신에게 어떤 문제가 있다거나 당신이 그것들과 작업하는 데 어려움이 있을 것이라는 지표가 아니다. 우리 모두는 많은 부분들을 가지고 있다. 내가 나의 부분들을 추적해 본 경험에 의하면 적어도 50개는 찾아낼 수 있었다.

다음은 각 부분에 대해 보관해야 할 정보의 종류에 대한 예이다.

● 보호자 정보

부분의 이름 :

나이 :

행동 :

정서 :

신체 감각 :

신념 :

이미지 :

이 부분을 활성화시키는 상황이나 사람들 :

이 부분이 가로막고 있는 건강한 감정이나 행동 :

그 부분이 나에게 가져다주려고 애쓰는 것 :

그 부분이 자기 역할을 하지 않으면 어떤 일이 일어날까 봐 두려워하는가?

그 부분이 모델로 삼고 싶어 하는 사람 :

이 부분의 건설적인 측면들 :

그 부분과 양극화의 한편을 이루고 있는 부분들 :

그 부분과 동맹을 맺고 있는 부분들 :

그 부분이 보호하고 있는 추방자들 :

이 부분과 어디까지 IFS를 진행하였는가?

● 추방자 정보

부분의 이름 :

나이 :

행동(섞인 추방자의 경우) :

정서 :

신체 감각 :

신념 :

이미지 :

이 부분을 활성화시키는 상황이나 사람들 :

이 부분이 가로막고 있는 건강한 감정이나 행동 :

그 부분이 모델로 삼고 싶어 하는 사람 :

이 부분의 건설적인 측면들 :

그 부분과 양극화의 한편을 이루고 있는 부분들 :

그 부분과 양극화의 다른 편을 이루고 있는 보호자들 :

이 부분과 어디까지 IFS를 진행하였는가?

어떤 주어진 부분을 포함하는 회기를 할 때마다 당신은 그에 대해 더 많은 것을 배우게 되며 더 많은 정보를 채울 수 있게 된다.

매튜가 자신의 두 부분에 대해 어떤 기록을 하였는지 보기로 한다.

● 하얀 부분에 대한 보호자 정보

나이 : 5

행동 : 분노나 힘을 드러내지 않음

정서 : 외로움, 창피해함

신체 감각 : 명치 끝이 뭉쳐 있음

신념 : 분노는 위험하고 악함

이미지 : 흰 목화

이 부분을 활성화시키는 상황이나 사람들 : 분노를 자극하는 것 모두

이 부분이 가로막고 있는 건강한 감정이나 행동 : 힘

그 부분이 나에게 가져다주려고 애쓰는 것 : 안전

그 부분이 자기 역할을 하지 않으면 어떤 일이 일어날까 봐 두려워하는 가? : 어머니가 자신을 거부함

그 부분이 모델로 삼고 싶어 하는 사람 :

이 부분의 건설적인 측면들 :

그 부분과 양극화의 한편을 이루고 있는 부분들 : 죄책감을 가진 추방자

그 부분과 동맹을 맺고 있는 부분들 : 통제하는 부분

그 부분이 보호하고 있는 추방자들 : 죄책감을 가진 추방자

이 부분과 어디까지 IFS를 진행하였는가? : 노랗고 미소 짓는, 단단한 공으로 변화되었음

● **죄책감을 가진 추방자에 대한 추방자 정보**

나이 : 5

행동 (섞인 추방자의 경우)

정서 : 암울하고, 홀로 있는 것, 잠자리에 드는 것, 불안정한 것을 두려워함

신체 감각 :

신념 : 자신이 사랑받고 있지 않다고 생각, 어머니가 음울한 것은 자신의 잘못이라 생각

이미지 :

이 부분을 활성화시키는 상황이나 사람들 :

이 부분이 가로막고 있는 건강한 감정이나 행동(섞인 추방자의 경우) :

그 부분이 모델로 삼고 싶어 하는 사람 :

이 부분의 건설적인 측면들 : 화남

과정 : 부모 사이의 긴장. 부모가 그를 사랑하지 않았음. 어머니는 늘 심각하고, 기분에 좌우되고, 애정에 굶주려 있음. 그가 두려워했던 것은 암울함이었음. 어머니는 자기 때문에 우는 것이라 생각함

그 부분과 양극화의 한편을 이루고 있는 부분들 : 하얀 부분

그 부분이 보호하고 있는 보호자들 : 하얀 부분, 통제하는 부분

이 부분과 어디까지 IFS를 진행하였는가? : 분노를 표출함

부분들의 용어로 정보를 기록하면 회기 노트에서는 분명하지 않았던 부분들의 중요한 측면이 드러난다. 예를 들면 하얀 부분이 죄책감을 가진 추방자를 보호하기도 하며 양극화되어 있기도 하다는 사실이다. 이것은 또한 노트에서 드러나지 않았던 것들에 대해 생각하도록만든다. 예를 들면 매튜를 화나게 만드는 사건이 발생할 때마다 하얀부분이 활성화된다는 사실이다.

몇 가지 항목은 빈칸으로 두었음을 주목하라. 매튜가 아직 그들을알지 못하거나 그들이 이 부분과 관련이 없기 때문이다. 시간이 지나고 매튜가 회기를 거듭하면서 일상생활에서 자신의 부분들을 더 많이관찰함에 따라 추후 확보하게 되는 정보를 채워 넣을 수 있게 될 것이다.

연습 : 부분들에 대한 노트

여러 차례에 걸쳐 작업하였던 부분을 택하라. 이 장에 설명된 양식을 사용하여 그 부분에 대해 기록하라. 그리고는 이 작업을 통해 배운 바를돌아보라. 당신이 택한 첫 번째 부분과 관련된 하나 혹은 두 부분을 택하라. 그리고 그것들에 대해서도 기록하라. 다음에 이 부분들과 회기를진행할 때 이 노트에 추가하라.

이 장에서는 회기와 부분들을 추적하는 법을 다루었다. 당신의 작업을 추적하는 데 있어서 자유롭게 당신에게 맞는 방법을 골라 사용하라. 그렇게 하면 IFS 작업의 효과가 엄청나게 증대될 수 있기 때문에 잊지 말고 시행하라.

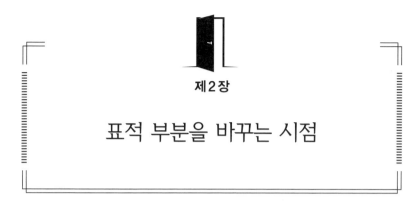

제2장

표적 부분을 바꾸는 시점

작업 대상의 보호자, 즉 **표적 부분**을 선택하였다고 하자. 그 부분을 알아가는 도중에 (참자아가 이끄는 소인격체 클리닉에서 설명하는 P1~P5 단계) 또 다른 부분이 출현할 수 있다. 잠깐 시간을 내어 새로운 부분의 정서나 신체 감각을 느껴보고 한두 가지 질문을 해보는 것이 가장 좋다. 그러고 나서 원래의 표적 부분과 계속할 수 있도록 비켜서 달라고 요청하든지 혹은 바꾸어 새로운 부분을 표적 부분으로 삼든지 의식적인 선택을 한다. 이 장에서는 이러한 결정을 어떻게 내리는지에 관해 논의하고자 한다.

표적 부분을 바꾸는 이유

표적 부분을 바꾸고자 하는 여러 가지 이유를 살펴보자.

염려하는 부분이나 보호자가 비켜서지 않는다

당신이 표적 부분과 작업하고 있는 중이며 그 부분을 향해 어떤 느낌이 드는지 체크한다고 가정하자. 만약 당신이 그 부분을 향해 비판하거나 화나는 느낌이 들거나 그 부분을 제거해 버리고 싶다면 당신은 참자아 상태에 있는 것이 아니다. 당신은 비판하거나 화나는 느낌을 갖는 **염려하는 부분과 섞여 있는 것이다(참자아가 이끄는 소인격체 클리닉 제6장을 보라).** 그 염려하는 부분을 인정하고는 비켜서 달라고 요청하라. 만약 비켜서려고 하지 않으면 어떤 것을 두려워하는지 묻고 안심시켜 주도록 하라. 그래도 여전히 비켜서려고 하지 않으면 달리 방법이 없다 — 염려하는 부분을 표적 부분으로 바꾸라.[1]

예를 들어 마리아가 연애하는 도중에 거리를 두는 경향을 보이는 부분에 초점을 맞추고 있다. 그녀가 그 부분을 향하여 어떤 느낌이 드는지 체크할 때 그녀는 자신이 연애하는 동안 지금까지 야기했던 문제로 인해 그 거리두기 부분을 미워하는 내면 비판자와 섞여 있다는 사실을 깨닫는다. 그녀는 이 비판자를 인정하고 잠깐 그의 이야기를 듣고 나서는 거리두기 부분과 작업할 수 있도록 비켜서 달라고 요청한다. 그러나 그녀가 비판자가 어떤 것을 두려워하고 있는지 들어보고 그 부분을 안심시키더라도 비판자가 여전히 비켜서지 않을 수 있다. 이때는 마리아가 이 비판자를 표적 부분으로 만들어 그 부분에 주의를 기울여야 한다.

당신이 추방자와 작업하려는데 한 보호자가 뛰어들어 길을 막는 경

---

1 자기비판 보호자. 자기비판을 자신감으로 바꾸기 혹은 참자아가 이끄는 소인격체 클리닉 제3권 제1장을 보라.

우에도 똑같은 일이 일어날 수 있다. 만약 그 부분이 당신으로 하여금 추방자와 작업하도록 허락할 경우 어떤 일이 일어날까 봐 두려워하는지 물어보라. 그리고 그 부분이 두려워하는 일은 일어나지 않을 거라고 안심시키라. 만약 그 보호자가 안심하지 못하고 추방자와의 작업을 허락하지 않는다면 당신은 그 보호자를 표적 부분으로 바꾸어야 한다. 적어도 잠깐 동안만이라도.

표적 부분을 바꿀 때는 원래의 표적 부분을 계속 추적해야 한다. 염려하는 부분(혹은 다른 보호자)과 작업한 결과, 비켜설 용의를 보이거나 그 부분과 작업을 완전히 끝냈을 때에는 원래의 표적 부분으로 되돌아와 작업을 계속하라.

중요한 새로운 부분이 등장한다

당신이 표적 부분과 작업하고 있는데 다른 부분이 등장한다고 하자. 예를 들면 갑자기 슬퍼지거나 수치감이 느껴지면서 이것은 그동안 초점 맞추었던 부분에서 오는 것이 아님을 깨닫는다. 잠깐 이 새로운 부분을 느끼고 그가 염려하는 바를 들어본다. 이 부분이 바로 지금의 삶에서 매우 중요하다는 것을 깨닫는다. 당신이 정말로 변화를 원하는 감정과 행동 뒤에는 이것이 자리잡고 있다. 그래서 당신은 원래의 것보다는 새로운 부분과 작업하는 것이 더 적절하다고 판단한다. 원래의 부분에게 나중에 되돌아와 작업하겠다고 이야기해 주라(그리고 반드시 그리 하겠다고 약속한다).

예컨대 존이 아내를 기쁘게 해 주려고 지나치게 애쓰는 부분과 작업하고 있다. 이 작업이 진행되는 동안 그가 아내를 기쁘게 하려고 엄청나게 애쓰기 때문에 아내에 대해 정말로 화가 나 있는 부분이 등장한다. 존은 아내에 대한 분노가 오랫동안 그들 사이에 있었던 큰 문제들임을 깨닫는다. 그래서 그는 표적 부분을 바꾸어 그 화난 부분과 작업하는 것이 정말로 중요하겠다고 판단한다.

일반적으로 접근하기 어려운 부분이 등장한다

당신이 표적 부분에 대해 작업하고 있을 때 순간적으로 감정이나 신념이 매우 생생하고 실제 같은 새로운 부분이 등장하거나 고통으로 가득한 추방자가 등장한다고 하자. 이 새로운 부분이 보통은 접근하기 그리 쉽지 않아 그 부분과 작업할 절호의 기회라는 생각이 든다. 새로운 부분은 보통 고통이 쉽게 접근이 이루어질 수 없는 추방자이거나 모호한 보호자일 수도 있다. 이 부분과 감정이 너무나 선명하므로 이 기회를 이용하여 그 부분과 작업하여야겠다고 결정할 수 있다.

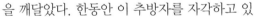

예를 들면 개비가 비판적인 부분과 작업하고 있는 중에 매우 두려운 느낌이 들기 시작한다. 그녀는 두려워하는 부분을 체크하면서 그 부분이 신체적으로 공격받고 있음을 두려워하고 있는 추방자라는 것을 깨달았다. 한동안 이 추방자를 자각하고 있었으나 그 부분과 작업을 하려고 할 때마다 두려움이 사라지곤 하였다. 그러나 그 두려움이 지금은 강하게 활성화되어 있다. 개비는 이 기회를 놓치고 싶지 않아서 두려워하는 추방자와 작업하기 위해 표적 부분을 바꾼다. 그녀는 나중에 언제든지

되돌아와 비판적인 부분과 작업할 수 있다.

부분이 자기 이야기를 들어달라고 주장한다

표적 부분과 다른 새로운 부분이 나타나서는 바로 지금 자기 이야기를 들어달라고 주장한다. 원래의 표적 부분에게 자리를 내주려고 하지 않는다. 자신에게 주의를 기울여 달라고 요구한다. 아마도 이 부분은 당신이 자신을 무시하고 있다고 생각할지 모른다. 혹은 정말로 활성화되어 상당한 관심을 받을 필요가 있을 수도 있다. 당신은 불화를 일으키고 싶지 않아 이같이 간청하는 부분을 뿌리치고 싶은 마음이 없다. 원래의 표적 부분에게 나중에, 혹은 회기 후반에 되돌아오겠다고 이야기해 주라. 그러고 나서 주의를 기울여 달라고 간청하는 부분에게 주의를 기울인다. 원하는 만큼 충분히 그 부분과 함께 있으라. 그런 다음 더 진행하여 새로운 부분을 변화시키든지 원래의 표적 부분으로 되돌아가든지 한다.

표적 부분이 다른 부분을 두려워한다

당신이 어떤 보호자(부분 A)와 작업을 하는 중이다. 당신은 그 부분에게 보호적인 역할을 하지 않으면 어떤 일이 일어날까 봐 두려워하는가 하고 묻는다. 그 부분은 당신이 파괴적이거나 역기능적인 행동을

할까 봐 두려워한다고 대답한다. 이를테면 당신이 정말로 화를 내거나 중요한 과업을 지연시킬까 봐 두려워하고 있다고 대답한다. 먼저 부분 A가 가진 두려움이 현실적인지 아닌지를 당신 자신에게 물어보라. 만약 부분 A가 자신의 역할을 하지 않으면 그 부분이 두려워하는 역기능적 행동을 할 가능성이 있는가? 이 질문에 정확히 답하기 위해서는 당신이 참자아 상태에 있을 필요가 있다.

만약 부분 A가 두려워하는 행동을 할 가능성이 없다면 그의 두려움은 비현실적인 것이다. 이것은 부분 A와 작업하여 변화시킬 수 있도록 도와주는 것이 좋다는 것을 의미한다. 그러나 만일 부분 A가 두려워하는 바를 행할 가능성이 있다면 그 부분이 당신에게 건전한 조언을 해 주고 있기 때문에 그 부분과 계속 작업하는 것은 무의미할 것이다. 그 부분은 당신이 실제로 행할 가능성이 있는 문제 소지에 대해 경고하고 있는 것이다.

이 경우에는 실제로 화를 내거나 지연시키고 있는(혹은 보호자가 염려하고 있는) 부분에게로 당신의 주의를 돌리라. 그것을 부분 B라 하자. 그 현실적인 염려가 사실이라면 부분 B를 변화시키는 것이 중요하며 현실적으로 부분 A에게 그 역할을 내려놓으라고 요청할 수 없다.

일단 부분 B와 작업하여 변화시켰다면 부분 A로 되돌아가라. 그리고 그 부분이 여전히 보호 임무를 수행할 필요가 있는지 알아보라. 내려놓을 수 있겠다고 하면 그 부분과의 작업은 끝난 것이다. 만약 부분 A가 내려놓지 못하겠다고 하면 그 부분에 대해 IFS 프로세스를 진행하라. 당신이 대처한 부분 A의 현실적인 염려 사항 외에 그 부분이 두려워하는 또 다른 것이 있는지 알아보라. 그리고 그 부분과 작업하여 두려움을 변화시키라.

예를 들어 라일리는 남편 마크와 거리를 두도록 만드는 부분과 작업하고 있었다. 거리두기 부분이 그녀가 마크와 가까워지도록 놓아두면 어떤 일이 일어날까 봐 두려워하는지 물어보았을 때 그 부분은 그녀가 남편만을 비위 맞추며 돌보고 자신의 필요는 무시할 것 같았기 때문이라고 대답하였다. 그녀가 참자아 상태에서 이 두려움의 타당성을 점검해 보니 이 거리두기 부분이 옳았다는 것을 깨달았다. 그녀에게는 마크의 필요를 충족시키기 위해 자기 자신의 필요는 무시하는 경향을 보이는 돌보는 부분이 있었다. 그러므로 그녀가 자신의 돌보는 부분을 변화시키기 전까지는 거리두기 부분과 계속 작업하는 것은 무의미하다. 그래서 그녀는 자신의 초점을 돌보는 부분으로 바꾸었다.

라일리는 돌보는 부분을 알아가며 그 부분이 보호하고 있는 추방자를 치유하여 돌보는 부분이 자신의 역할을 내려놓을 수 있도록 하였다. 그런 다음 거리두기 부분으로 되돌아왔다. 그녀는 거리두기 부분이 돌보는 부분이 어떻게 긴장을 늦추었는지를 인지하고 있는지 확인하였다. 거리두기 부분은 이제 그녀가 마크와 가까이 있어도 마음이 편해졌다. 또 다른 염려 사항이 있기는 하였지만 돌보는 부분이 가진 두려움을 돌보고 나서 라일리는 거리두기 부분과 계속 작업을 진행하여 두려움을 해소하였다.

표적 부분이 다른 부분으로부터 명령을 받는다

당신이 어떤 보호자와 작업하면서 그 부분이 자신의 임무를 수행함으로써 어떤 것을 성취하고자 애쓰는지 물어본다고 하자. 그 부분은 자신도 모르겠다고 대답한다. 질문을 계속하자 다른 부분이 자신에게 지시하였기에 그 명령을 따르는 것일 뿐이라고 하였다. 때로는 한 부분이 다른 부분의 명령을 받는 상황이 발생할 수 있다. 이 경우 보호 행동 뒤에 가려져 있는 긍정적 의도를 알아내기 위하여 그 근원 (명령을 내리는 부분)으로 가야 한다. 그 부분은 그 행동을 통해 어떤 것을 성취하려 하며 어떤 것으로부터 보호하려 하는지 알고 있다. 그러므로 표적 부분을 주도하고 있는 부분으로 바꾸고 그에 초점을 맞추는 것이 타당하다. 당신의 행동이 변화되기 위해서는 그 부분이 변화될 필요가 있다.

원래의 표적 부분과 지속해야 할 이유

이제 반대의 경우를 생각해 보자. 원래의 표적 부분과 지속해야 하는 상황은 언제인가?

당신이 표적 부분과의 작업을 끝내고 싶어 한다

때로는 치료 초기에 많은 부분들을 알아가며 그들의 당신에 대한 긍정적인 의도를 이해하는 것이 도움이 된다. 그러나 일단 한 부분과 작업을 시작하면 보통 그 부분을 치유하고 변화시키기 위해 IFS 절차를 끝내는 것이 가장 좋다. 예를 들면 딜런은 우울한 부분과 작업을 시작하였다. 그에게는 자신의 우울감을 극복하는 것이 중요하다. 따라서 또 다른 부분이 등장하면 그는 자신의 우울한 부분과의 작업을 계속할 수 있도록 비켜서 달라고 요청한다. 그는 그 부분이 보호하고 있는 추방자에 접근하여 우울한 부분을 변화시켜 자신의 우울감이 가벼워질 수 있도록 우울한 부분과 IFS 프로세스를 계속하고 싶었다. 이것은 그에게 특히 중요하였다. 과거부터 우울한 부분과 작업을 해 왔지만 아직 끝내지 못하였기 때문이다. 이제 그는 결과를 얻고 싶었다.

당신은 어떤 부분과도 아직 끝내지 못하였다

만약 당신이 아직 IFS 작업 초기 단계에 있고 어떤 부분들과의 작업도 끝내지 못하였다면 당신의 내면 시스템은 어떤 것이 가능한지 깨닫지 못할 것이다. 추방자가 짐을 내려놓을 수 있는지, 보호자가 자신의 역할을 내려놓을 수 있는지, 당신의 부분들은 깨닫지 못할 것이다. 보호자들은 자신들이 직접 목격하기 전에는 당신이 부분들을 치유할 수 있는 능력이 있는지에 대해 회의적일 수 있다. 그 결과 부분들이 변화에 대해 희망을 갖지 못하기 때문에 당신이 IFS 작업에 참여하지 못하도록 하거나 추방자를 가까이 하지 못하도록 애쓰게 된다. 그러므로 너무 오랫동안 기다리지 말고, 적어도 한 번의 짐 내려놓기는 끝내는 것이 중요하다. 심대한 변화가 정말로 가능하다는 것을 부분들이 깨달으면 깨달을수록 그들은 더욱 당신과 협력할 것이다.

표적 부분이 당신에게서 무시당하고 있다는 느낌을 받는다

어떤 부분들은 처음부터 당신을 신뢰하지 않는다. 그들은 당신이 정말로 자신들에게 주의를 기울여 줄 것이라는 기대를 하지 않는다. 아마도 당신이 평생 그들에게 주의를 기울여 준 적이 없었기 때문이다. 이제 IFS를 배우고 있으므로 당신은 그들에게 그들이 원하는 주의를 기울여 줄 수 있다. 표적 부분이 자신에게 주의를 기울여 주지 않는다고 화를 내기 때문에 다른 표적 부분으로 바꾸는 것은 현명한 방법이 아니다. 이것은 원래의 표적 부분이 품고 있던 불신을 증폭시킬 뿐이다. 그 부분으로 하여금 당신이 그 부분에게 관심이 있다는 것을 경험할 수 있도록 그 부분과 관계를 지속하라. 이렇게 함으로써 그 부분은 당신을 신뢰하게 될 것이다.

치료사 노트

표적 부분을 바꿀 것인가 말 것인가를 결정해야 되는 경우 치료사인 당신이 결정해야 하는가 아니면 내담자에게 맡겨야 하는가? 가능하다면 나는 내담자에게 맡기는 것을 선호한다. 왜냐하면 내담자는 자신의 우선순위를 알고 있고 직관적으로 종종 다음에 어떤 일이 일어나야 하는지 알고 있기 때문이다. 그러나 표적 부분을 바꾸어야 (혹은 원래의 표적 부분을 지속해야) 할 충분한 이유를 치료사는 자각하고 있으나, 내담자가 그렇지 못하다면 치료사가 설명해 준다. 예를 들어 많은 부분들과 작업을 해 왔고 어느 하나와도 치유를 끝내지 못했다면 치료사는 왜 이것이 문제가 되는지 내담자에게 설명해 준다. 그러고 나서 내담자로 하여금 전해 준 정보를 바탕으로 결정을 내리도록 용기를 북돋워 준다.

위에서 열거한 몇 가지 이유에 해당하면, 예컨대 염려하는 부분이 비켜

서지 않거나, 표적 부분이 먼저 작업해야 할 필요가 있는 또 다른 부분
을 가리키고 있을 때는 새로운 표적 부분으로 바꾸도록 해야 한다. 이러
한 경우에는 내담자에게 결정하라고 하지 않는다. 내담자에게 표적 부
분을 바꾸라고 지시한다

패턴 시스템의 내면 프로세스 차원

표적 부분을 어떻게 바꾸는가? 여기에는 건강한 방법뿐만 아니라 문
제성 있는 방법들이 있다. 이것을 명확히 하기 위해서 저자는 패턴 시
스템의 내면 프로세스 차원을 만들었다.[2] 문제성 있는 방법에는 서로
반대되는 두 가지가 있다. 각각은 패턴 시스템에서 역기능적 작동법
을 뜻하는 하나의 패턴으로 본다.

의식적으로 그렇게 하려고 하지 않았는데도 새로운 부분이 등장하
면 그것을 따라가는 분산성 패턴이 하나의 극단적인 예가 될 수 있다.
새로운 부분이 튀어나올 때마다 다른 부분과 작업하는 도중임에도 불
구하고 새로운 부분으로 주의를 돌린다 ─ 이것이 바람직한지 하지 않
은지를 고려해 보지도 않은 채.

IFS로 시작한 다음 단순히 상황을 파악하고 싶어 할 때는 때로 이
방법이 적절할 수도 있다. 다양한 부분들의 목록을 작성하고 싶어 하
는 데 그치고 그 부분들을 치유하는 것에는 아직 신경 쓰고 싶어 하지
않을 수도 있다. 이 경우에는 새로운 부분이 등장할 때마다 주의대상

---

2 패턴 시스템에 대해서는 부록 C를 보라. 내면 프로세스 차원은 최근에 패턴 시스템
  에 추가되었기 때문에 기존의 자료에서는 언급되지 않았다.

을 바꾸어도 괜찮다.

그러나 너무 자주 이러면 결국 작업이 분산되어 당신은 이리저리 끌려다니게 된다. 새로운 부분이 등장할 때마다 새로운 방향으로 끌려가고 어느 한 부분과도 큰 진전을 이룰 수 없게 된다. 당신은 정신세계에서 이리저리 왔다 갔다 할 뿐이지 IFS 프로세스에 진보를 가져오지 못해 진정한 치료적 변화가 일어날 수 없게 된다.

그 대극점에 있는 것이 고착성 패턴인데 표적 부분에 계속 초점을 맞추고 있으며 다른 부분들이 등장하더라도 무시하는 경우이다. 마치 눈가리개를 하고 달리는 말과 같다. 표적 부분과의 작업 중에 다른 부분이 감지되면 그 부분을 인정하거나 중요성을 생각하지 않은 채 즉시 비켜서 달라고 요청한다.

이 고착성 패턴으로부터 발생하는 문제들은 다음과 같다.

1. 그날 중요하게 작업해야 할 부분을 간과할 수 있다. 여러 가지 이유에서 저절로 등장하는 부분은 중요하게 다루어야 하는데, 외곬일 경우 이것을 자각하지 못한다.
2. 표적 부분과 중요한 관계에 있는 부분이 저절로 등장할 수 있다. 그 부분이 표적 부분과 양극화되어 있을 수도 있고, 표적 부분과 연대를 이루고 있을 수도 있다. 이런 부분은 무시할 수 없으며 원래 표적 부분과의 작업에 도움을 줄 수 있기 때문에 그것을 알아가는 것이 좋다.
3. 등장하지만 무시당하는 부분들은 원망이 쌓이게 되어 원래 표적 부분과의 작업을 방해할 가능성이 있다.

다음의 그림은 이 구별을 명확히 할 수 있도록 도와주는 패턴 시스템의 내면 프로세스 차원이다. 왼쪽과 오른쪽에 고착성/분산성 패턴을 볼 수 있다. 고착성 패턴의 건강한 버전이 **초점 맞추기 역량**으로서 의식적으로 표적 부분을 바꾸겠다고 결심하지 않는 이상 작업 실마리를 계속 쫓아간다. 만약 분산성 패턴을 가지고 있다면 그것을 변화시키기 위해 초점 맞추기 역량을 계발할 필요가 있다. 분산성 패턴의 건강한 버전은, 그 순간에 떠오르는 느낌과 감각, 생각을 자각하는 **마음챙김 역량**이다. 만약 고착성 패턴을 가지고 있다면 그것을 변화시키기 위해 마음챙김 역량을 계발시킬 필요가 있다. 초점 맞추기 역량과 마음챙김 역량은 서로 통합시킬 수 있기에 음양의 심볼로 그렸다.

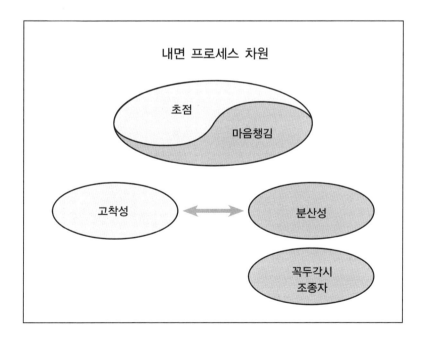

꼭두각시 조종자 패턴

꼭두각시 조종자 패턴은 주의하지 않으면 IFS 작업을 벗어나게 만든다. 특정한 표적 부분, 이를테면 '걱정하는 부분'에 초점을 맞추려 애를 쓴다고 하자. 그때 '슬퍼하는 부분'이 등장한다. 그 부분이 어떤 것에 대해 슬퍼하는지 체크하는 동안 '내면 비판자 부분'이 IFS를 제대로 하지 않는다고 판단한다. 당신은 내면 비판자에게 비켜 달라고 요청한다. 내면 비판자가 동의하지만 그때 '모호하게 만드는 부분'이 등장하여 걱정하지 않도록 만들려고 애를 쓴다. 당신은 그 부분에게 비켜서 달라고 부탁하려는 의도를 가지고 약간의 여유를 주어 이야기를 하게 한다. 그러나 모호하게 만드는 부분이 이야기하는 것이 아니라, '낙담하는 부분'이 이번 회기는 제대로 될 것 같은 생각이 들지 않는다는 이야기를 한다. 당신이 낙담하는 부분에게 비켜서 달라고 요청하지만 그 부분은 그럴 생각이 없다고 한다. 낙담하는 부분이 어떤 것을 두려워하는지 물어보는데, 슬퍼하는 부분이 다시 전면에 등장한다.

계속해서 이런 일이 일어난다. 새로운 부분이 계속 등장한다. 궤도를 이탈하지 않으려고 그중의 한 부분에게 비켜서 달라고 할 때 또 다른 부분이 등장하며 장악한다. 그 부분을 다루는 동안 또 다른 부분이 등장한다. 끊임없이 부분들이 방해하기 때문에 도무지 작업을 진전시킬 여유가 없다. 당신은 부분들의 융단 폭격을 맞고 있는 것이다. 어떤 것은 새로운 것이고 또 어떤 것은 회기 초반에 등장했던 것일 수 있다.

부분들의 융단 폭격을 예상할 수 있는 상황이 있다. 심리적 외상을

입은 추방자에게 접근하려고 애쓸 때 흔히 많은 보호자들이 당신의 접근을 차단하며 어떤 것들은 상당히 격렬하게 저항한다. 이것은 꼭두각시 조종자 패턴이 아니고 단지 일단의 무서워하는 보호자일 뿐이다.

꼭두각시 조종자 패턴에서는 무대 뒤에 부분들의 융단 폭격을 지휘하고 있는 한 부분이 있다. 마치 일련의 부분들이 활성화되고 있는 듯이 보일 수 있으나 실제로는 무대 뒤에 꼭두각시 조종자 부분이 있어 다른 모든 부분을 활성화시키고 있는 것이다. 왜냐하면 그 부분은 당신이 작업에 관여하지 못하도록 만들고 싶기 때문이다. 일련의 부분들이 끊임없이 자각 상태 가운데 등장하여 주의력을 분산시키며 착수한 작업을 진척시키지 못하도록 하는 교묘한 전략을 사용하고 있는 것이다.

앞서 언급한 첫 번째 상황에서—당신이 심리적 외상을 입은 추방자에게 접근하는 것을 두려워하는 일단의 보호자들—한 번에 하나씩 그들과 작업하며 당신이 추방자와의 작업을 잘 해낼 수 있다고 안심시킨다. 그들 하나 하나로부터 허락을 받고 나서야 진행할 수 있다. 그러나 당신에게 꼭두각시 조종자 패턴이 있다면 이 같은 방법은 효과가 없다. 당신은 부분들을 안심시키려고 계속 같은 일을 반복할 것이다. 무대 뒤에 숨어 있는 꼭두각시 조종자를 찾아내어 직접적으로 그 부분과 작업해야 한다. 그 부분이 어떤 것을 두려워하기에 주의력 분산을 지휘하도록 만드는지 알아보라. 그 부분과 관계를 잘 맺고 그가 가진 두려움에 대해 안심시킨다. 그러면 그 부분은 더 이상 이 부분들을 당신에게 내던지고 싶은 충동이 생기지 않을 것이다. 당신은 꼭두각시 조종자 부분이 자신의 임무를 내려놓기 전에 그 부분이 보호하고 있는 추방자를 찾아 치유해야 한다.

연습 : 표적 부분 바꾸기

표적 부분을 바꾸는 경향에 대해 생각해 보라.

당신은 너무 쉽게 바꾸도록 만드는 분산성 패턴을 어느 정도 갖고 있는 가? _____

_____

어떻게 이 현상이 일어나고 있는가? _____

_____

당신은 전혀 바꾸지 못하도록 만드는 고착성 패턴을 어느 정도 갖고 있는가? _____

_____

어떻게 이 현상이 일어나고 있는가? _____

_____

새로운 부분이 등장하는 것을 자각하는 마음챙김 역량을 어느 정도 갖고 있는가? _____

_____

어떻게 이 현상이 일어나고 있는가? _____

_____

당신은 의식적으로 바꾸려는 결정을 하지 않는 한 실마리를 계속 붙들고 있는 초점 맞추기 역량을 어느 정도 갖고 있는가? _____

_____

어떻게 이 현상이 일어나고 있는가? _____

_____

당신은 주의력을 분산시키기 위해 일련의 부분이 등장하도록 만드는 꼭두각시 조종자 패턴을 어느 정도 갖고 있는가? _____

_____

어떻게 이 현상이 일어나고 있는가? _____

_____

_____

이 장에서는 새로운 표적 부분으로 바꾸는 이유로 다음과 같은 것들이 있음을 논의하였다.

- 염려하는 부분이나 보호자가 비켜서지 않는다.
- 중요한 새로운 부분이 등장한다.
- 일반적으로 접근하기 어려운 부분이 등장한다.
- 부분이 자기 이야기를 들어 달라고 주장하고 있다.
- 표적 부분이 다른 부분을 두려워하고 있다.

- 표적 부분이 다른 부분으로부터 명령을 받고 있다.

이 장에서 또한 원래의 표적 부분을 유지해야 하는 이유로서 다음과 같은 것들이 있음을 보여주었다.

- 당신이 표적 부분과의 작업을 끝내고 싶어 한다.
- 당신이 어떤 부분과도 아직 끝내지 못하였다.
- 표적 부분이 당신에게서 무시당하고 있다는 느낌을 갖고 있다.

나는 또한 표적 부분을 바꾸는 전형적인 문제성 있는 패턴에 대해 논의하였다.

- 고착성 패턴은 원래의 표적 부분을 지나치게 고집하는 경향을 보인다.
- 분산성 패턴은 너무 쉽게 그리고 자주 바꾸는 경향을 보인다.
- 꼭두각시 조종자 패턴에서는 한 부분이 많은 부분들로 하여금 등장케 하여 작업을 방해하도록 만든다.

제 3 장

보호자의 유형 : 관리자와 소방관

참자아가 이끄는 소인격체 클리닉 제1권의 전반부에 저자는 보호자
들을 인식하고 그들과 작업하는 방법을 기
술하였다. 그러나 IFS에서 언급하고 있는 이 두 가
지 유형의 보호자들을 구별하지는 않았다. 이 장에
서는 IFS 보호자들의 두 가지 유형, 관리자와
소방관을 논의하고자 한다.

관리자는 추방자의 고통이 등장하지
못하도록 우리 삶과 정신 세계를 조율하
고자 애쓴다. 예를 들면 빌에게는 자신이 거절당할 거라는 두려움
때문에 여성들에게 다가가지 못하도록 애쓰는 관리자가 있다.

소방관은 추방자가 활성화되었을 때 충동적으로
반응한다. 이들은 추방자의 고통을 누르고 그 고
통으로부터 주의를 돌리려 한다. 소방관이
활성화되면 고통의 등장을 인지하지 못할 수
있다. 단지 소방관의 반응을 경험할 뿐이다.

예를 들면 빌은 자신의 두려움과 작업을 끝내고 산드라에게 데이트를 신청하였지만, 그녀의 반응으로 보아 그녀가 자기와 데이트하고 싶어 하지 않은 사실을 확실히 감지하였다. 이 사건은 추방자가 안고 있는 거절의 고통을 불러일으키기 시작하였다. 그러나 빌은 이것을 눈치채지 못하였다. 즉시 술을 마시기 시작하였기 때문이다. 그의 알코올 소방관이 너무도 빨리 등장하였기에 그는 추방자의 고통을 느끼지도 못하였다. 술은 그를 무감각하게 만들었고 그것이 바로 소방관의 임무였다.

관리자는 선제적으로 대처하지만, 소방관은 반응적으로 대처한다. 관리자는 빌의 경우 고통을 피하기 위해 선견지명을 가지고 끌리는 여성에게 접근하고자 하는 욕구를 차단한다. 소방관은 의식 세계로 등장하기 시작하는 고통을 차단시키기 위해 때로는 무감각하게 만드는 활동 혹은 중독적인 활동을 함으로써 충동적으로 반응한다. 만약 관리자를 내면가족에서 성인으로, 추방자를 아이들로 생각한다면, 소방관은 추방자의 고통의 불을 끄기 위해 충동적으로 반응하는 10대 청소년이라 할 수 있다.(이것은 대략적인 비유에 지나지 않는다. 어린 아이 부분이 관리자가 될 수도 있다.)

대부분의 사람들에게 관리자는 소방관보다 훨씬 흔하다. 관리자는 우리가 보호자를 언급할 때 통상적으로 생각하는 부분이다. 다음은 패턴 시스템에서 발췌한 흔한 유형의 관리자들이다.

대인 관계에서의 관리자

- 거리두기 혹은 뒤로 물러서기

- 비판함
- 방어적임
- 화냄
- 통제함
- 비위 맞춤
- 돌봄
- 수동 공격적임
- 반항적임
- 자신에게만 몰두함 혹은 특권의식을 가짐
- 매력적인 사람
- 화낼 줄을 모름
- 의구심을 품음
- 속이고자 함

다른 유형의 관리자

- 내면 비판자
- 작업 감독자
- 완벽주의자
- 순응 촉진자
- 죄책감 고취자
- 우울해함
- 뒤로 미룸
- 자존감

- 중독됨
- 강박적임
- 피해자인 척함
- 합리성을 추구함
- 공포심을 가지고 있음
- 무감각해짐 혹은 차단시킴

참자아가 이끄는 소인격체 클리닉에서 관리자와 작업하는 방법을 이미 다루었다. 그러므로 이 장의 나머지 부분은 소방관이 관리자와 어떻게 다르며 그들과 어떻게 작업하는지를 다루고자 한다.

소방관

소방관은 추방자가 활성화될 때 분출되는 고통을 억누르는 임무를 수행한다. 실제로 소방관은 불을 끄기 위해 위험한 상황으로 뛰어들어간다. 때로는 자기 자신의 안위에 대해 염려하지 않고, 9·11 사태가 발생하였을 때 자신의 안전을 돌보지 않고 고층 빌딩으로 달려가 결국 생명을 잃었던 소방관들을 생각해 보라. 우리 내면의 소방관도 유사한 방식으로 행동한다. 그들은 추방자의 고통으로 압도되는 상황을 두려워한다. 그래서 자신들의 행동이 파괴적인 결과를 가져올 수 있다는 사실을 무시하고 그 고통을 못 느끼게 하거나 주의를 돌리기 위한 일은 어떤 일이고 행한다.

소방관은 흔히 다음과 같은 활동에 착수한다.

- 약물이나 알코올 남용
- 성 중독
- 과식
- 충동적 쇼핑, 도박 및 기타 중독
- 분노
- 반항
- 해리(멍해 있기, 자각하지 못함, 모호해짐, 잠이 듦)
- 황홀감 추구 활동
- 속임
- 충동적임

이에 더하여 주의를 돌리기 위한 방편으로 보다 정상적인 활동을 사용하기도 한다.

- 독서
- TV 시청
- 두통
- 온라인 활동

위에 열거한 활동들이 항상 소방관으로부터 오는 것은 아니다. 어떠한 활동이나 감정 상태도 소방관으로부터 나올 수 있다. 중요한 점은 그것이 현재 진행되고 있는 선제적인 활동(관리자)인지 그것이 추방자 고통에 대한 갑작스러운 충동적인 반응(소방관)인지 여부를 판단하고 구별하는 것이다.

소방관과 작업하기

소방관은 종종 관리자보다 말수가 적다. 이것은 소방관이 말로 의사소통을 하는 것, 혹은 내면대화로 그들이 반응하도록 만드는 것이 힘들 수 있음을 의미한다. 소방관은 협상하기가 더 힘들며, 그저 자신의 역할을 수행하고자 할 뿐이다.

특히 해리성 소방관의 경우 그렇다. 예를 들면 모호하게 만들거나 멍하게 만들거나 잠들게 만드는 부분들이 그런 소방관들이다. 사실 해리 현상을 경험할 때는 자동적인 신체 반응처럼 보이기 때문에 이것이 부분으로부터 오고 있다는 사실을 믿기 어려울 수 있다. 당신이 질문을 통해 처음으로 해리성 소방관과 작업하려 할 때는 그 부분으로부터 아무런 반응을 얻지 못할 수도 있다(**참자아가 이끄는 소인격체 클리닉** 제7장을 보라). 또는 소방관은 말이 아닌 몸이나 이미지를 통해 당신과 의사소통하기도 한다. 포기하지 마라. 만약 시간을 충분히 갖고 해리성 소방관과 접촉하며 알아간다면 보통 다시 정신을 차리고 당신에게 반응하며 결국에는 당신과 대화를 시작할 것이다.

소방관에게 질문을 던지기보다 많은 시간 그 곁에 있어 주어야 한다. 이것이 소방관의 신뢰를 얻는 데 도움이 된다. 소방관이 반응을 하려 하지 않는다면 억지로 밀어 부치지 마라. 마치 사람을 두려워하는 야생동물과 함께 있듯이 그냥 소방관과 함께 시간을 보내라. 소방관은 서서히 당신을 신뢰하기 시작하며 자신을 드러낼 것이다.

소방관과 함께 참자아에 접근하기

소방관에 대하여 정말로 참자아 상태를 유지하기가 어려울 수 있다. 소방관은 종종 파괴적이고 의사소통하기가 어렵기 때문이다.[3] 이것은 소방관이 당신을 보호하며 도우려 애쓰고 있다는 긍정적인 의도를 가지고 있다는 사실을 믿기 어렵게 만든다. 소방관은 자신들 생각에 견딜 수 없는 고통으로부터 당신을 보호하는 것이 가장 중요하다고 생각하는 바를 행하고 있음을 기억하라.

먼저 소방관에 대하여 당신이 참자아 상태에 있도록 하라. 그냥 소방관 곁을 지나 그 밑에 있는 추방자에 다가가고자 애쓰기보다는 소방관의 관점에서 소방관을 알아가는 데 정말로 관심이 있어야 한다. 소방관이 엄청난 혼란을 야기하고 있는 점에 비추어 그 부분이 당신을 도우려 애쓰고 있다는 사실을 인정하기가 어려울지라도, 그 부분이 그리하고 있다는 사실을 명심하라. 당신에게 소방관을 싫어하는 부분이 있거나 그 부분을 옆으로 밀어내고 싶어하는 부분이 있을지라도, 소방관을 진정으로 환영하고 알아갈 수 있도록 그 부분에게 긴장을 늦추라고 하라.

종종 소방관을 미워하며 제거하고 싶어 하는 부분과 작업할 필요가 있게 된다. 이것을 '염려하는 부분'이라 부르고자 한다. 이들은 소방관에 대해 염려하고 있기 때문이다. 그들에게 비켜서 달라고 부탁하기 전에 염려하는 부분들을 반드시 확인하라. 대부분의 소방관은 매

---

3 보호자와 작업할 때 참자아 상태로 들어가는 방법에 대해서 자세히 알고자 하면 **참자아가 이끄는 소인격체 클리닉** 제1권 제5~6장, 그리고 이 책 제8장을 보라.

우 파괴적이기 때문에 당신에게 소방관을 향해 부정적인 느낌을 갖고 있는 부분들이 있다는 사실은 충분히 이해한다. 당신이 열린 마음으로 소방관을 알아갈 수 있도록 이 부분들의 염려 사항들을 인정하고 그들에게 비켜서 달라고 부탁하라. 이렇게 함으로써 당신은 소방관의 긍정적인 의도를 발견하고 그와 신뢰관계를 발전시킬 수 있게 된다. 이것은 치유 프로세스에서 중요한 단계다.

치료사 노트

내담자의 소방관에 대하여 (치료사나 코치인) 당신이 참자아 상태에 있도록 하라. 소방관은 종종 파괴적이고 의사소통이 힘들므로 그들로 인하여 좌절감을 느끼기 쉽다. 내담자의 소방관에게 짜증이 나거나 그냥 제거했으면 하는 생각이 든다면 당신은 참자아 상태에 있는 것이 아니다. 이것이 감지될 때는 좌절하거나 조급하거나 소방관을 향해 비판하는 느낌을 갖는 부분에게 비켜서 달라고 부탁한 다음, 소방관이 내담자를 위해 하려고 애쓰는 바가 무엇인지 알아내기 위해 마음을 여는 작업을 시작하라. 만약 당신이 내담자의 소방관에 대해 참자아 상태를 유지하면, 내담자 역시 참자아 상태를 유지하도록 도와주게 된다.

문제가 많은 소방관을 알아감으로써 많은 것들을 얻을 수 있다. 소방관들은 종종 우리 삶에서 심각한 결과를 초래하는 행동을 자행한다. 따라서 그 어떤 부분 못지않게 주의를 기울일 필요가 있다. 그들을 그냥 지나치려고 하지 마라. 그가 당신을 위해 어떤 일을 하려고 하는지, 그리고 어떤 것을 두려워하는지 이해하기 위해 시간을 내어 소방관 하나 하나에 초점을 맞추라. 소방관과 신뢰관계를 발전시키기

위해 가능한 모든 방법을 동원하라. 이 작업이 추방자를 목격하고 치유하는 작업만큼 중요하다.

소방관은 특히 자기가 역할을 내려놓을 수 있다는 희망을 갖게 되면 좋은 반응을 보인다. 일단 소방관을 알게 되고 왜 그 역할을 수행하고 있는지를 이해하게 되었을 때 그 부분에게 새로운 역할을 맡을 수 있겠느냐고 물어보는 것이 도움이 된다. 이렇게 질문하라. "내가 당신이 보호하고 있는 추방자를 치유해 주어도 여전히 당신의 역할을 수행할 필요가 있을까요?" 혹은 "당신이 이 역할을 수행할 필요가 없다면 대신에 어떤 일을 수행하겠습니까?" 이렇게 하면 소방관은 자기가 꼼짝없이 갇혀 있는 역할을 내려놓을 수 있다는 희망을 갖게 된다. 그것은 또한 당신이 소방관이 보호하고 있는 추방자와 작업할 수 있도록 허락하게 만드는 유인책이 된다.

연습 : 소방관과 작업하기

전에 작업해 본 적이 없는 소방관을 택하라. 이 장에서 배운 내용을 사용하여 그 부분과 IFS 회기를 가지라.

이 소방관과 관련하여 참자아 상태로 들어가는 것이 쉬웠는가? _____
_____

참자아 상태로 들어가기 위해 어떻게 하였는가? _____
_____

소방관이 얼마나 적극적으로 당신과 이야기하려고 하였는가? _____
_____

소방관은 당신과 비언어적으로 의사소통을 하였는가? 그렇다면 어떻게 하였는가? _____

_____

소방관이 당신과 의사소통하도록 용기를 불어넣어 주기 위해 어떻게 하였는가? _____

_____

관리자와의 작업하고는 달랐는가? 그렇다면 어떤 면에서? _____

_____

이 장에서는 두 유형의 IFS 보호자인 관리자와 소방관을 설명하였고, 소방관과 효과적으로 작업하는 방법, 특히 그들과 작업할 때 참자아 상태에 접근하고 유지하는 방법을 설명하였다.

제 4 장

부분들 간의 갈등 : 양극화

두 부분이 양극화되어 있다는 것은 서로 반대 입장에 있음을 의미한다. 두 부분은 '머물러 있자 vs 가자', 혹은 '일하자 vs 쉬자'와 같이 반대로 행동하려 하고 있는 것이다. 이들은 극성을 띠게 된다. 그러나 양극화는 단지 극성을 말하는 것이 아니다. 그 이상이다. 양극화된 부분은 또한 상대편의 목표에 대항하여 싸우고 있다. 예를 들면 많이 먹고 싶어 하는 부분은 다이어트를 하고자 하는 부분에 대항하여 적극적으로 싸울 것이다. 더욱이 양극화된 각 부분은 상대편의 파괴적인 행동에 맞서기 위해 극단적인 입장을 취해야 한다고 확신하고 있다.

돛단배에 두 명의 선원이 있는데, 각자가 배가 전복될 것을 염려하고 있다고 상상해 보라. 한 사람은 배 한 편으로 많이 기울인 상태에서 자신의 몸을 밧줄로 묶어 놓는다.

그는 반대 방향으로 같은 정도로 기울인 다른 선원의 몸무게를 상쇄시키기 위해 그만큼은 기울여야 한다고 믿고 있다. 두 선원 모두 배가 전복되지 않게 하려고 극단적인 자세를 취해야 한다고 믿고 있다.

슬프게도 두 사람 모두 맞다. 상대편이 그렇게 하지 않는데, 한 사람만이 자신의 극단적인 입장을 포기하고 배의 중심으로 옮겨온다면 배는 전복될 것이다.

양극화된 부분들 사이에 종종 이런 일이 발생한다. 각 부분은 상대편 부분이 삶 가운데서 매우 파괴적인 행동을 하지 못하도록 하기 위해서는 자신이 극단적인 행동이나 감정을 취해야 한다고 믿고 있다. 그러나 두 부분이 양극화되어 있다는 것이 선원들에 대한 비유에서처럼, 그들의 힘이 균형을 이루고 있다는 이야기를 하는 것은 아니다. 한 부분이 다른 부분보다 강할 수도 있고, 번갈아 가며 강한 입장이 될 수도 있다.

예 : 정진하는 부분과 뒤로 미루는 부분

블레이크는 새로운 대형 마케팅 프로젝트를 수행하고 있다. 그는 매일 오랜 시간 작업하며 아내와 어린 아들에게는 거의 시간을 할애하지 못하고 있다. 친구들이 그에게 왜 그리 열심히 일하느냐고 묻거나 아내가 왜 이렇게 얼굴 보기가 힘드냐고 물을 때는 이렇게 대답한다.

"나는 앞서가고 싶어. 빨리 승진하고 크게 성공하고 싶어." 그러나 객관적으로 보았을 때 그가 상당히 잘하기 위해서는 일주일에 50시간 정도면 그가 다니는 회사에서 충분할

것이다. 그러나 블레이크는 종종 주말에도 회사에 나가면서 정기적으로 60~80시간을 쏟아붓는다. 회사에서 이렇게 하는 사람은 거의 없다. 심지어 성공적으로 승진하고 있는 사람조차도!

블레이크는 때로는 식사도 거른다. 어떤 때는 다음날이 마감일이 아닌데도 밤늦게 일한다. 그는 종종 그 다음날 피곤하여 작업 능률이 떨어지기도 한다. 블레이크에게는 정진하는 부분이 있다. 그 부분이 그를 이렇게 열심히 일하도록 몰아간다. 왜냐하면 실패를 비합리적으로 두려워하고 있기 때문이다. 이 부분이 작업 감독자다(자기비판을 자신감으로 바꾸기/내면 비판자의 소인격체 클리닉이나 참자아가 이끄는 소인격체 클리닉 제3권 제1장을 보라). 그 부분은 실패의 조짐이 보일까 봐 두려워서 블레이크가 크게 성공하도록 하기 위해서는 무슨 일이든 한다.

블레이크에게는 업무 관련한 심리적 역동에서 중요한 역할을 하고 있는 부분이 또 하나 있다. 블레이크는 고등학교에 진학한 뒤에는 성적이 뛰어나지 못하였다. 오히려 그 반대였다. 그는 숙제하기보다는 노는 데 시간을 보냈다. TV를 실컷 보며 친구들과 쏘다녔다. 학업은 등한시하고 다른 것들에 정신이 팔렸다. 중요한 과제가 있을 때는 뒤로 미루다가 허겁지겁 끝내니 성적이 형편없었다. 때로는 숙제를 전혀 하지 못하기도 하였다.

이러한 행동은 블레이크의 뒤로 미루는 부분으로부터 온 것이다. 이 부분은 성적이 매겨지거나 평가받게 되는 일을 피하고 싶

어 하였다. 그 부분은 실패를 두려워하였고 실패의 소지가 있는 프로젝트, 사실상 학교나 직장의 모든 프로젝트를 피함으로써 이 두려움을 해결하였다. 이러한 두려움은 무의식적이었다. 만약 당신이 블레이크에게 왜 숙제를 하지 않느냐고 묻는다면, 그는 그냥 하고 싶지 않다고 대답하였을 것이다.

물론 이러한 전략은 암울한 결과를 가져왔다. 프로젝트를 회피함으로써 블레이크는 결국 실패했다는 느낌, 뒤로 미루는 부분이 그토록 피하려고 애썼던 바로 그 느낌을 갖게 되었다. 불행히도 이러한 역동은 흔하게 일어난다. 너무나도 자주 부분들은 우리로 하여금 우리의 궁극적 관심사에 반하는 방법으로 행동하도록 만든다. 자신이 막고자 애쓰는 바로 그 상황으로 나아가는 것이다.

블레이크의 요즘 삶 가운데서는 뒤로 미루는 부분이 대체로 배경에 머물러 있고 정진하는 부분이 전경에서 활동하고 있다. 어쩌다가 블레이크는 과로로 쓰러지고 한동안 뒤로 미룬다.

블레이크의 양극화된 각 부분은 자신의 역할을 수행하는 나름대로의 이유가 있다. 사실 두 부분은 모두 블레이크가 실패를 피해 가도록 애쓰고 있다. 단지 상반되는 전략을 구사하고 있을 뿐이다. 정진하는 부분은 블레이크가 확실하게 멋진 성공을 거둘 수 있기를 원하고, 뒤로 미루는 부분은 애쓰다 실패하는 것을 피하고 싶어 하는 것이다. 더욱이 각 부분은 상대편 부분의 지나침을 상쇄시키기 위해서는 극단적이어야 한다고 생각한다.

정진하는 부분은 이렇게 이야기한다. "블레이크가 게으른 성향이 있다는 것을 알기 때문에 그와 맞서 싸우기 위해 열심히 일하라고 밀어 부칠 수밖에 없어. 만약 내가 약간이라도 느슨해지면 블레이크는 고등학교 때처럼 건달이 되어 버릴까 봐 두려워." 한편 뒤로 미루는 부분은 이렇게 말한다. "정진하는 부분이 블레이크를 항상 밀어 부치는 방식이 정말 싫어. 나는 최선을 다해 그의 숨막히는 통제로부터 빠져나와야 해. 블레이크가 긴장을 풀고 즐길 수 있도록. 내가 내려놓으면 정진하는 부분은 블레이크의 삶을 끝나지 않는 업무라는 악몽으로 만들 거야." 그들은 둘 다 블레이크를 실패로부터, 그리고 상대방으로부터 보호하려 애쓰고 있다.

양극화

양극화는 블레이크가 쏟아야 할 작업의 양과 같은, 특정한 행동이나 결정에 대한 것으로부터 발단이 된다. 두 부분은 블레이크가 어떻게 행동해야 하는지에 관해 서로 대립하고 있다. 둘 중의 어느 부분도 상대편 부분이 자신의 역할을 내려놓지 않는 한 자신의 극단적인 역할을 내려놓지 않으려 한다. 각 부분은 자신이 내려놓을 경우 상대편 부분이 장악하고는 심각한 문제를 유발할까 봐 두려워한다. 그러므로 블레이크는 두 부분이 서로 다가갈 수 있기 위해서는 서로의 관계뿐만 아니라 두 부분과 작업을 해야 한다.

양극화는 보통 두 보호자 간에 발생한다. 서로 간의 갈등뿐만 아니라 각각은 또 추방자를 보호하고 있다. 그들은 때로는 동일한 추방자를 보호하는 최선의 방법에 대해서도 양극화되어 있다. 블레이크의 예에서 정진하는 부분과 뒤로 미루는 부분 둘 다 실패자로 생각하는 추방자를 보호하려 애쓰고 있었다. 어떤 상황에서는 양극화된 각 부분이 서로 다른 추방자를 보호하고 있을 수도 있다.

때로는 양극화된 한 부분이 한동안 장악하고 다른 부분을 강압적으로 굴복시킨다. 이 같은 현상이 몇 시간 혹은 며칠, 어떤 때는 몇 년 동안 지속된다. 그리고는 상황이 바뀌어 다른 부분이 장악한다.

만약 당신에게 심리적 외상이 도사리고 있다면 그 외상을 재경험하지 못하도록 해야 할 필요가 절실하기 때문에 당신의 보호자들은 더욱 극단적이며 역기능적이 된다. 한 보호자가 극단적이 되면서 그 행동이 당신 삶 가운데서 상처와 어려움을 유발할 때 그 부분은 그 문제를 완화시키려는 다른 보호자들을 활성화시킨다. 이 후자의 보호자 또한 전자의 보호자와 싸우려고 극단적이 될 수 있다.

예를 들면 하몬은 이라크 전쟁 참전으로 인하여 외상후 스트레스 장애를 겪고 있었다. 그에게는 전투 장면이 눈앞에 어른거리기 시작할 때마다 술 마시게 만드는 소방관이 있었다. 이로 인해 폭음을 하게 되었고 하몬의 삶은 피폐해져 갔다. 그 결과 하몬에게는 그가 폭음을 할 때마다 스스로에게 수치심을 주어 술을 끊도록 만드는, 강렬하게 양극화된 관리자가 발달하게 되었다. 외상을 피하고자 하는 욕구와 그에 대한 방어로 인하여 이 부분들은 극단적으로 양극화되어 있다.

양극화된 부분들의 긍정적인 측면

양극화된 부분들은 극단적일지라도 종종 당신에게 중요한 에너지(혹은 품성)을 품고 있다. 예를 들면 블레이크에게 정진하는 부분은 훌륭한 업무 성취 에너지를 품고 있고, 뒤로 미루는 부분은 휴식과 즐김의 에너지를 품고 있다. 이 둘은 긍정적인 품성이다. 갈등 때문에 극단적이지 않았더라면 그리 되었을 것이다.

흔히 경험할 수 있는 양극화 중의 하나는 사람들과 사귀고 싶어 하는 부분과 자기 주장을 하고 싶어 하는 부분 사이에 일어난다. 둘 다 귀중한 품성이다. 또 다른 보편적인 양극화는 안전/질서와 자율/자유의 에너지 사이에서 발생한다.

당신은 양극화된 어느 한 부분이 가지고 있는 긍정적인 에너지를 지워 버리거나 축소시키고 싶지 않다. 비극단적인 형태로 각각의 에너지에 접근하고 싶어 한다.

양극화를 해소함에 있어서 부분들 간에 무미건조한 타협이나 순전히 지적인 협상 타결을 찾으려 하지 마라. 목표는 당신의 부분들이 서로의 강점과 선한 의도를 인정하도록 하고 그들의 극단적인 보호 역할을 끝까지 다루며, 서로 협력하는 것을 배우도록 하는 것이다. 이렇게 함으로써 당신의 창의력과 능력에 훨씬 가깝게 접근할 수 있고 내면갈등 관계에 있는 두 부분 모두에게 만족스러운 혁신적인 해결 방안을 도출할 수 있게 된다. 참자아가 두 양극화 부분이 함께 작업하도록 공간을 마련할 수 있을 때 역동적인 변화 프로세스를 낳게 된다.

이 장과 다음 장에서는 양극화 작업의 10단계 순서를 설명하고자 한다. 이 단계는 IFS 개발자인 리처드 슈워츠가 창안하였고 그의 저서 내면가족체계치료에서 약술한 순서를 세분화시킨 것이다. 여기서는 요약된 내용을 다루고, 제5장 말미 조견표에서 좀 더 자세히 설명한다.

양극화 단계

1. 양극화된 부분들을 알아내고 파악하라.

2. 참자아에 접근하기 위해 각 부분을 분리하라.

3. 각 부분의 역할, 긍정적인 의도, 상대편 부분과의 갈등을 알아가라.

4. 각 부분과 신뢰관계를 발전시키라.

5. 추방자와 작업할 것인지, 갈등해소 대화를 착수할 것인지 결정하라.

6. 각 부분으로부터 갈등해소 대화를 시작해도 좋을지 허락을 구하라.

7. 갈등해소 대화를 시작하라.

8. 참된 대화를 촉진시키라.

9. 협상을 타결하라.

10. 실시간으로 부분들과 작업하라.

1단계 : 양극화의 인지

IFS 회기에서 양극화된 부분을 언제 다룰지를 인지한다. 몇 가지 요령은 다음과 같다.

시작점

시작점(문제 상황 : 참자아가 이끄는 소인격체 클리닉 제4장을 보라)을 탐색하고 있을 때 상황에 반대되거나 갈등을 빚는 반응이 등장하는 것을 인식할 수 있다. 예를 들어 제인은 가족을 만나는 것에 대한 두려움이 있었다. 가족들은 화가 나면 수치감을 주는 경향이 있었기 때문이었다. 그녀가 이 두려움을 탐색하면서 정말로 가족들 모임에 가고 싫어 하지 않는 한 부분과 또한 가야 한다고 생각하는 양극화된 부분이 있음을 발견하였다. 오랫동안 보지 못했기 때문에 가족을 그리워하는 또 다른 세 번째 부분도 있었다. 그녀는 양극화의 한편에 두 부분이 있었고, 다른 한편에 한 부분이 있었다. 흔히 이런 상황을 만나게 된다.

어려운 결정

결정하기 힘들 때에는 거의 틀림없이 양극화된 부분이 관여하고 있다. 이쪽으로 결정하고 싶은 부분과 그 반대를 원하는 부분이 그것이다. 사실 결정하기 힘들어하는 이유는 양극화된 부분 때문이다. 이 같은 양극화의 각 측면에는 종종 하나 이상의 부분이 있다.

보호자 두려움

보호자에게 흔히 물어보는 질문 중의 하나는 "당신은 자신의 역할을 하지 않는다면 어떤 일이 일어날까 봐 두렵습니까?"이다(참자아가 이끄는 소인격체 클리닉 제7장을 보라). 보호자가 "당신이 수치심이나 무서움 혹은 다른 고통스러운 감정을 느낄까 봐 두려워합니다."라고 할 때는 보통 자신이 보호하고 있는 추방자—고통스러운 감정을 느끼고 있는 추방자—를 가리킨다. 만약 보호자가 "누군가 당신을 상처 줄까 봐 혹은 당신을 통제하거나 비판하거나 그 밖의 다른 형태의 해를 줄까 봐 두려워합니다."라고 한다면, 이것 또한 어떤 추방자—그 방법으로 해를 입었던 추방자—를 가리킬 수 있다.

그러나 만일 보호자가 "당신이 정말로 화를 낼까 봐 혹은 폭식하거나 어떤 파괴적인 활동에 관여할까 봐 두려워합니다."라고 한다면, 이것은 보통 보호자가 다른 보호자―그 활동에 관여할지 모르는 부분―를 두려워하는 것을 가리킨다. 예를 들면 블레이크는 자신의 정진하는 부분에게 이렇게 물었다. "당신은 나를 비판하지 않고 나의 업무 수행 습관에 대해 수치심을 불어넣지 않는다면 어떤 일이 일어날까 봐 두렵습니까?" 정진하는 부분은 이렇게 말했다. "당신이 일을 미루고 끝내지 못할까 봐 두렵습니다." 이것은 블레이크의 정진하는 부분이 뒤로 미루는 부분을 두려워하고 있음을 가리키는 것이었다.

만약 보호자의 두려움이 현실적이라면 당신은 필시 그 보호자가 염려하는 다른 보호자와 작업할 필요가 있을 것이다. 예를 들어 블레이크는 표적 부분을 바꿔 뒤로 미루는 자와 작업할 필요가 있을 것이다. 만약 이 보호자가 첫 보호자와 적극적인 대립 관계에 있다면, 그들은 양극화되어 있는 것이다. 예를 들어 블레이크의 뒤로 미루는 자가 정진하는 자에 대항하고 있다면 그들은 실제로 양극화되어 있는 것이 아니다. 왜냐하면 싸움이 일방적이기 때문이다. 혹은 다른 부분이 자신의 역할만을 하고 있고 대들지 않고 있다면 그들은 양극화되어 있지 않은 것이다. 예를 들어 만약 블레이크의 뒤로 미루는 자가 과업에서의 실패를 두려워하여 회피하는 것이고 정진하는 부분에 반응하는 것이 아니라면 이것은 양극화가 아니다.

염려하는 부분과 양극화

만약 당신이 보호자를 알아가려 하고 있는데 화가 나 그 부분을 없애 버리고 싶어 한다는 것을 깨달았다면 이것은 당신이 참자아 상태에 있는 것을 방해하고 있는 다른 부분—염려하는 부분—에서 오고 있는 것이다(참자아가 이끄는 소인격체 클리닉 제6장을 보라). 이 염려하는 부분은 보호자와 양극화되어 있을 수 있다. 양극화가 성립하기 위해서는 두 부분이 적극적으로 서로 대립하고 있어야 한다. 염려하는 부분은 표적 부분과 대립하고 있으나 표적 부분은 맞붙어 싸울 수도 있고 그렇지 않을 수도 있다.

리디아는 때때로 남편에게 분노를 쏟아놓기 때문에 이것이 그녀의 결혼생활에 문제를 야기하고 있다. 이것은 그녀의 화난 부분에서 나온다. 리디아의 또 다른 부분은 그녀의 분노를 좋아하지 않으며 화난 부분을 비판하고 있다. 리디아의 이 분노 비판 부분을 '마개'라고 부르자. 만일 마개가 리디아로 하여금 남편에게 버럭 화를 내지 못하도록 적극적으로 막고 있고, 화난 부분이 분노를 표현하기 위해 싸우고 있다면 이것은 분명히 양극화이다. 그러나 마개가 단순히 화난 부분을 비판만 하고 분노를 막고자 진정으로 애쓰지 않는다면, 그리고 화난 부분이 마개를 자각하지 않는다면 이것은 양극화가 아닌 것이다.

진정한 양극화가 되기 위해서는 부분들이 서로 대립되는 목표를 위해 싸우고 있어야 한다. 그러나 이것은 그들이 서로 직접 이야기하거나 심지어 그들이 서로를 자각하고 있다는 것을 반드시 의미하는 것은 아니다. 서로 대화에 참여하고 있지 않더라도 두 부분이 어떻게 행동할 것인지에 대해 싸우고 있을 수 있다. 예를 들면 리디아의 마개가 정말로 그녀가 화를 내지 못하도록 애쓰고 있다고 가정하자. 그 부분은 이렇게 말한다. "또다시 그에게 폭언을 하지 마라. 그렇게 하면 당신의 결혼생활을 망치는 것이다. 이번에는 침착하게 있으라." 이것은 리디아의 한 부분이 화를 내고 있는데, 마개 부분이 막으려 애쓰고 있음을 반드시 의미하는 것은 아니다. 이 두 부분은 상호 간에 실제로 직접 논쟁을 하고 있지 않을지라도 여전히 양극화되어 있는 것이다.

관리자/소방관 양극화

관리자/소방관은 흔히 서로 양극화되어 있다. 대부분의 소방관들은 흥분과 강렬함, 재미, 스릴로 향하는 경향을 보인다. 대부분의 관리자는 특히 소방관의 파괴적인 활동을 중지시키려 애쓰면서 통제와 질서로 향하는 경향을 보인다. 사실 성공적으로 IFS 작업을 끝내면 소방관으로부터 오는 스릴이 약화되는 것을 경험하면서 삶이 지루해지는 느낌이 들기 시작할 수도 있다. 관리자와 소방관이 지향하는 바가 이같이 차이 나기 때문에 양극화를 향해 가도록 만드는 것이다.

소방관 활동이 종종 위험하고 자기파괴적이기 때문에 소방관을 비판하는 관리자가 나서서 소방관의 행동을 제한하려 애쓰게 된다. 사실 일반적으로 모든 해로운 소방관마다 양극화되어 있는 관리자가 있어 삶에서 문제를 일으키지 못하도록 애쓰고 있다.

관리자가 소방관을 저지하는 데 실패하면 종종 소방관 활동에 가담하였다고 자신을 가혹하게 비판할 수 있다. 관리자는 소방관이 또다시 일을 저지르지 못하도록 하기 위해 당신에게 수치심을 안겨 준다. 예를 들면 폭식한 후에 당신이 통제를 하지 못한다고 수치심을 안겨 주는 관리자가 등장할 수 있다.

당신의 삶이 소방관에 의해 망가지고 있을 때, 그 소방관 부분하고 작업하여 변화시키기만 하면 된다고 생각하기 쉽다. 그러나 양극화가 존재하기 때문에 통상 파괴적인 소방관 및 그가 보호하고 있는 추방자와 작업하는 것만으로는 충분치 않다. 당신은 종종 통제하는 관리자와도 접촉하여 직접적으로 양극화에 대해 작업하여야 한다.

보호자/추방자 양극화

보호자(관리자일 수도 있고 소방관일 수도 있음)와 추방자 사이에도 양극화가 일어날 수 있다. 추방자가 당신과 섞여 당신 삶에서 행동을 취하려 하는 경우 이 현상이 일어나게 된다. 대부분의 추방자들은 의식 세계로부터 감춰져 있어 IFS 회기 중에야 비로소 접근 가능해진다. 추방자라고 불리는 것은 이 때문이다. 이 추방자들은 통상적으로 양극화를 만들어 내지 않는다. 그러나 어떤 추방자들은 당신과 섞여 당신의 행동 방식에 영향을 줄 수 있다. 이러한 부분들을 섞인 추방자라고 부르고자 한다.

예를 들면 베티에게는 굶주린 부분(섞인 추방자)이 있어 연애를 할 때면 종종 장악하여 파트너에게 의존적이 되도록 만들었다. 이 부분은 결사적으로 파트너에게 매달렸고 파트너가 떠나거나 정서적으로 거리를 두면 분노하였다. 굶주린 부분은 파트너의 사랑을 얻기 위해서는 어떤 일도 할 용의가 있었다. 한편으로 그녀에게는 자신이 의존적이 되지 않도록 하기 위해 관계를 갖지 못하게 애쓰는 거리두기 부분(보호자)도 있었다. 추방자는 관계 갖기를 간절히 원했고, 보호자는 관계를 갖지 못하게 애쓰고 있었기 때문에 굶주린 부분은 거리두기 부분과 양극화된 상태였다.

　추방자가 보호자와 양극화될 수 있는 경우가 또 있다. 때로는 추방자가 고통스러운 감정을 표출하는 쪽으로 밀어 부친다. 자신을 알아주기를 바라고 자신의 고통에 귀를 기울여 달라고 애쓴다. 만약 고통을 감추려고 애쓰는 보호자가 추방자의 노력에 반대한다면, 이 부분들은 양극화되어 있는 것이다. 특히 심리적 외상을 입은 경우 양극화는 갑작스레 찾아온다. 때로는 과도하게 자극을 받은 외상 입은 추방자와 이 추방자가 의식 세계로 등장하지 못하도록 차단하려는 해리/마비 보호자 사이에 양극화가 유발된다.

양극화의 다른 예

양극화의 몇 가지 다른 예를 살펴본다.

내면 비판자 vs 내면 방어자　만약 당신에게 가혹한 내면 비판자 부분이 있다면 또 다른 부분이 있을 가능성이 있다. 이것을 내면 비판자가 잘못되었음을 증명하기 위해 비판자와 논쟁하려 애쓰는 내면 방어자라 부르고자 한다(*Freedom from Your Inner Critic* 제4장을 보라). 만약 비판자가 당신은 바보라고 하면 내면 방어자는 당신이 얼마나 똑똑한가를 증명하려 애쓸 수 있다. 만약 비판자가 어떤 여자가 남자에게 꼼짝 못한다고 하면, 내면 방어자는 얼마나 많은 남자가 그녀에게 매혹되는가를 지적할 수 있다. 흔히 이 두 부분은 끝까지 싸우고 결국에는 비판자가 이기게 된다.

비판적 vs 갈등회피적 대인 갈등에서 공격하거나 비판하는 부분과 그 것들을 회피하고자 하는 부분 사이에 양극화가 있을 수 있다. 엘리스에게는 결혼생활에서 갈등이 발생할 때면 화를 내고 남편을 비난하는 보호자가 있다. 하지만 그녀에게는 자신의 분노 폭발을 피하기 위해 갈등 상황에 얽히지 않으려 애쓰는 또 다른 부분도 있다. 이 갈등회피 부분은 엘리스가 방을 나가도록 만들거나 갈등이 시작될 때 무마하려고 애를 쓴다. 그녀의 화난 부분은 종종 논쟁에 참여하고 싶어 하기 때문에 이 두 부분은 대인 관계의 어려움을 대처해 나가는 방법과 관련하여 양극화된다.

치료에 대한 양극화 당신에게는 치료 혹은 자기치료에 참여하라고 강요하는 부분뿐만 아니라 치료 중에 등장하는 고통을 두려워하거나 치료에 따른 변화를 거부하는 부분이 있을 수도 있다. 한 부분은 치료 프로세스를 차단하거나 방해하고 다른 부분은 어떻게든 해보려고 애쓰고 있는 것이다.

치료사 노트

내담자가 갖고 있는 양극화에 대해 초점을 맞추어야 하는 이유가 또 있다. 내담자가 보호자와 섞여 있어 보호자가 삶에서 문제를 만들어 내고 있다는 사실을 깨닫지 못하고 있다고 가정하자. 내담자가 보호자와 그 정도로 섞여 있지 않았을 때는 그 부분에 대해 작업을 할 수 있었을 것이다. 그러나 지금 회기에서는 보호자가 완전히 장악한 상태가 되었고 내담자는 단순히 그 보호자의 합리화 역할만 반복한다. 만약 내담자로 하여금 보호자를 분리시키게 할 수 없다면, 내담자는 보호자가 없다고 생각하기 때문에 보호자 역할이 가지고 있는 문제를 탐색할 수 없게 된다.

그러나 당신은 내담자에게서 원래의 보호자와 양극화되어 있는 한 부분의 목소리를 종종 듣게 된다. 만약 그 부분에 초점을 맞추고, 하고 싶은 이야기를 하도록 만든다면 이 부분과 원래의 보호자 사이의 양극화에 대해 작업할 수 있다. 이렇게 함으로써 내담자가 그 부분과 섞여 있기 때문에 다른 방법으로는 볼 수 없었던 원래 보호자의 문제가 분명하게 드러나게 된다.

페이지에게는 다른 사람의 필요에 초점을 맞추고 그들이 편안함과 안전함을 확실히 느낄 수 있도록 비상한 노력을 기울이는 돌보미 부분이 있다. 그녀는 자기 자신의 필요조차 자각하지 못할 정도다. 페이지는 이것이 자신의 삶에 문제를 야기하고 있다는 것을 깨달았기에 회기 중에 이 문제를 다루기 시작한다. 그러나 자신의 돌보미 부분을 알아가는 중에 그 부분이 교묘히 그녀와 섞인다. 그녀가 돌보미 부분이 성취하려고 하는 바가 무엇인지 묻자 그 부분은 자기가 사람들에게 관심을 가지고 있으므로 당연히 사람들이 행복하기를 바라는 것뿐이라고 이야기한다. 돌보미는 자신의 돌봄에 어떤 문제가 있다는 사실을 인정하지 않으려 한다. 그리고 그 부분이 그녀를 장악해 버렸기 때문에 페이지는 돌보미가 어떤 문제가 있는지 알 수도 없다. 치료사는 페이지가 자신의 돌봄에 대해 이야기한 문제를 상기시키려 애쓴다. 그러나 페이지는 다른 사람들에게 관심을 쏟는 것이 무엇이 잘못되었는가라고 이야기한다.

그러나 돌보미가 이야기하는 동안 고마워할 줄 모르는 사람들을 돌보면서 자신의 필요는 무시하는 그녀의 행동에 신물이 난다고 페이지의 또 다른 부분이 목소리를 높인다. 이 부분은 돌보미와 양극화되어 있다. 페이지 치료사인 멜라니는 이 부분에게 자신의 생각을 자세히 말해 달라고 한다. 그 결과 멜라니가 또다시 애쓸 필요 없이 돌보미가 갖고 있는 문제들이 분명해진다. 멜라니는 어느 편도 들지 않고 중립적인 위치를 지킬 수 있게 된다. 비록 페이지가 돌보미와 섞여 있다 하더라도 멜라니는 두 부분 사이의 양극화 작업을 시작할 수 있다. 이렇게 함으로써 돌보미가 갖고 있는 어려움들이 한층 더 분명해지면서 페이지의 분리작업이 쉬워지게 된다.

2단계 : 양극화된 부분을 분리시키기

양극화 작업에 있어 2단계는 양극화된 부분을 분리시켜 각 부분을 참자아와 연결시키는 것이다(참자아가 이끄는 소인격체 클리닉 제5장 보호자를 분리시키는 법을 보라). 두 부분과 섞여 내면이 찢겨진 상태에서 시작한다. 그렇지 않으면 처음에는 이 부분과 섞였다가 다음에는 다른 부분과 섞이는 등 두 부분 사이를 왔다 갔다 할 가능성이 있다. 예를 들면 만약 당신이 섭식과 관련하여 양극화되어 있다면, 배고파 죽겠다는 부분과 철저한 다이어트에 집착하려고 애쓰는 부분과의 섞임 사이를 불안정하게 왔다 갔다 할 가능성이 있다.

양극화된 부분을 분리시키는 간단한 방법을 소개한다. 두 부분을 동시에 의식하라. 예를 들면 머릿속에 방을 그리고 두 부분을 방 안의 의자에 따로따로 앉힌다. 혹은 각 부분을 양손에 올려놓거나 서로 다른 신체 부위에서 각 부분을 느끼게 한다. 이렇게 하면 그 두 부분을 분리시킬 수 있게 된다. 먼저 몸이 평정을 찾으면 도움이 된다.

만약 두 부분을 동시에 붙들고 있기가 쉽지 않으면 좀 더 확실한 방법을 소개한다. 각 부분을 설득하여 한 번에 하나씩 분리시킨 다음,

남은 부분을 알아간다. 그것을 부분 A, 부분 B라고 하자. 부분 B에게 잠시 비켜서 달라고 하고 부분 A를 알아가도록 한다. 부분 A가 장악하여 파괴적인 행동을 하지 못하도록 하겠으며, 부분 A와의 작업을 끝낸 후 부분 B에게로 돌아와 그 부분을 알아가겠다고 부분 B를 안심시킨다. 바라건대 이 정도면 부분 B로 하여금 비켜설 수 있도록 충분한 확신을 줄 수 있다. 그런 다음 IFS에서 우리가 통상적으로 보호자에게 하듯이, 부분 A에게 그 부분을 알아갈 수 있도록 당신에게서 분리되어 달라고 부탁한다.

치료사 노트

만약 내담자가 이 설득 작업을 하기 위해 필요한 참자아 상태로 쉽게 들어가지 못한다면 치료사인 당신이 각 부분에게 직접 이야기하고 그 부분을 알아갈 수밖에 없다. 이것이 참자아가 이끄는 소인격체 클리닉 시리즈 후속편에서 다루게 될 IFS 기법인 '직접 접근'의 한 사례다.

이 분리 프로세스의 한 사례를 소개한다. 댄은 폭음을 하는 경향이 있다. 폭음은 자신이 술꾼이라고 부르는 소방관으로부터 나오고 있

다. 그에게는 또한 폭음을 하지 못하도록 애쓰는 통제자 부분(관리자)도 있다. 술을 마실 때마다 통제자는 두 잔 이상은 마시지 못하도록 애쓴다. 때로는 성공하기도 하지만, 때로는 술꾼이 이겨 댄은 아주 고주망태가 된다. 그러

면 통제자가 그를 술주정뱅이라고 하며 크게 꾸짖는다. 이것은 양극화의 전형적 유형이라 할 수 있다.

댄이 이 양극화된 두 부분과 작업을 시작하면서, 술꾼을 알아가는 것부터 시작하기로 결심하였다. 그러나 통제자는 댄으로 하여금 술꾼을 비판하고 혐오감을 느끼도록 만들며 즉시 장악하였다. 그는 분명히 참자아 상태는 아니었다. 통제자와 섞여 있었기에 술꾼과 성공적인 작업을 할 수 없었다. 그는 열린 마음으로 술꾼을 알아갈 수 있도록 통제자에게 비켜서 달라고 요청하였다. 통제자는 이렇게 말했다. "절대로 안 돼! 그 부분은 당신 삶에서 문제만 일으키고 있어. 없애야 해. 말도 붙이지 말고."

댄은 통제자에게 이렇게 말했다. "부분들을 제거할 수는 없어. 파괴적인 행동을 바꿀 수 있는 유일한 방법이 있다면 수용하는 마음으로 알아가며 그 부분이 나를 위해 어떤 일을 하려고 애쓰는지를 발견하는 거야. 모든 부분은 긍정적인 의도를 가지고 있잖아. 따라서 네가 허락하면 나는 술꾼과 관계를 맺고 술꾼이 변화되도록 도울 수 있어. 네 전략이 그동안 제대로 들어맞은 적이 없잖아. 그러니까 새로운 것을 시도해 보는 것은 어때? 내가 술꾼과 작업할 수 있도록 통제자 네가 내게서 분리되었으면 좋겠는데, 그럴 용의가 있니?" 통제자는 자신의 전략이 그동안 효과가 없었다는 사실을 인정할 수밖에 없었기 때문에 이 새로운 시도가 효과가 있을지 알아보고 싶었다. 그래서 댄은 술꾼을 알아보기로 하였지만, 그 당시는 추방자 고통을 불러일으킬 만한 문제가 없어 술꾼이 활성화되지 않았기에 댄은 술꾼과 섞인 상태가 아니었다.

부분 A를 알아가고 있는 동안 부분 B가 위협이 느껴지면 뛰어들어 프로세스를 중단시킬 수도 있다. 이런 일이 발생하면 부분 B를 다시 설득하여 회기를 재개할 만큼 당신을 신뢰하겠는지 알아보라. 그렇지 못하면 초점을 옮겨 부분 B와 먼저 작업해야 할 수도 있다.

예를 들면 댄이 술꾼과 작업하는 동안 술꾼은 거부감을 느끼지 못하도록 어떻게 술을 마시게 하였는지 댄에게 이야기하였다. 그때 통제자가 뛰어들었다. "그건 정말로 바보 같은 짓이야. 전혀 도움이 안 돼. 일을 악화시킬 뿐이야." 댄이 통제자에게 옆으로 비켜서 달라고 요청했지만, 통제자는 술꾼에 대해 정나미가 떨어졌기에 비켜설 용의를 보이지 않았다. 그래서 댄은 통제자에게로 주의를 돌려 그것부터 알아가야 했다. 댄은 통제자를 표적 부분으로 만들었다.

물론 그렇게 하기 위해서 댄은 술꾼으로부터 분리될 필요가 있었다. 이 경우 그것은 문제가 되지 않았다. 술꾼이 댄과 섞인 것이 아니었기 때문이다. 그래서 그는 바로 통제자와 작업할 수 있었다. 댄이 통제자와 연결된 후에는 그 부분이 그를 신뢰할 수 있었기 때문에 어렵지 않게 술꾼과의 작업을 허락하였다.

내담자가 양극화된 한 부분과 섞여 있어 양극화를 전혀 인지하지 못하고 있을 수도 있다. 내담자는 양극화된 부분과 섞임 현상이 일어났다는 것을 깨닫지 못한 채 단순히 자기가 힘든 보호자와 작업하고 있구나 생각한다.

댄이 자신의 술꾼이 저지르는 파괴적인 행동을 중단시켜야겠다고 생각한다고 가정하자. 그는 이 문제 많은 술을 마시는 부분과 작업을 시작할 때 자신이 참자아 상태에 있는 줄 알았다. 댄이 술꾼을 향해 화를 내고 비난했을 때부터 사실 댄은 통제자와 섞여 있는 상태였다. 그러나 그는 스스로를 성찰할 수 없었고, 따라서 자신이 실제로 참자아 상태에 있지 않다는 사실도 알 수 없었다. 이 경우에 내담자가 참자아 상태에 있지 않다는 사실을 인지하고 직접 작업할 수 있도록 양극화를 지적하는 것은 치료사인 당신에게 달려 있다.

또 다른 위험이 있는데, 치료사인 당신이 양극화를 동조하는 당신의 부분—내담자의 한 부분을 비판하거나 제거하고 싶어 하는 부분—과 섞일 가능성이 있다는 점이다. 내담자의 부분은 내담자에게 많은 문제를 야기하거나 내담자를 위험에 빠뜨릴 수 있다. 따라서 당신이 그 부분을 향하여 부정적인 느낌을 가질 수 있다는 사실이 놀라운 일은 아니다. 당신과 내담자 둘 다 양극화를 동조하고 있다는 사실을 깨닫지 못할 수 있는 것이다.

당신이 우선적으로 해야 할 일은 당신이 양극화의 어느 한쪽과 섞여 있다는 사실을 인지하고 그 부분을 분리시켜 참자아 상태로 되돌아오도록 하는 것이다. 그러면 당신은 내담자 역시 섞여 동조하고 있음을 알 수 있게 된다. 그러한 자각은 당신으로 하여금 내담자가 참자아로 되돌아올 수 있도록 도와주게 된다.

당신은 댄의 치료사인데, 댄의 술꾼이 그의 삶을 엄청나게 망가뜨리고 있기 때문에 그 술꾼을 제거하고 싶어 하는 부분과 섞여 있다고 가정하자. 만약 당신이 이런 입장에서 그 술꾼과 작업하려 애쓴다면 그 부분은 당신이 마음 문을 열고 그 부분을 대하고 있지 않다는 것(당신이 참자아 상태에 있지 않다는 것)을 알기 때문에 당신에게 저항할 것이다. 당신은 먼저 진정으로 참자아 상태에 있으며 마음 문을 열고, 그 부분을 알아갈 수 있도록 술꾼을 제거하고 싶어 하는 부분을 분리시켜야 한다. 그러고 나서 만약 댄이 자신의 통제자와 섞여 있다는 것을 당신이 알게 되면 그가 분리시키도록 도울 수 있게 된다.

연습 : 양극화된 부분 분리시키기

작업하고자 하는 양극화된 두 부분을 택하라. 각 부분에게 접근하여 그 부분을 분리시키라. 시간이 충분하다면 각 부분에 대해 따로따로 초점을 맞추고 그 부분을 알아라. _____

두 부분을 자각 상태에서 동시에 붙들고 있을 수 있는가? _____

두 부분을 분리시키는 것이 얼마나 어려운가? _____

한 부분이 분리되기를 주저하기 때문에 당신이 다른 부분을 알아가기 힘든 상태인가? _____

각 부분을 분리시키기 위해 어떻게 하였는가? _____

3단계 : 양극화된 각 부분 알아가기

일단 양극화된 각 부분을 분리시켰다면 3단계로 진행한다. 양극화된 각 부분을 알아가며 신뢰관계를 발전시킨다.

보호자를 알아가는 통상적인 순서를 따르라(참자아가 이끄는 소인격체 클리닉 제7장을 보라). 당신의 정신 세계에서 부분의 역할과 당신을

향한 부분의 긍정적인 의도를 알아내라. 보호자에게 던져야 할 두 가지 중요한 질문이 있다. "당신은 그 역할을 수행함으로써 어떤 것을 성취하고자 합니까?"와 "당신은 그 역할을 하지 않는다면 어떤 일이 일어날까 봐 두렵습니까?"가 그것이다.

이 질문은 보호자가 어떤 것으로부터 당신을 보호하고자 하는지 이해할 수 있게 해 준다. 양극화된 한 부분의 긍정적인 의도를 이해하는 것은 특히 중요하다. 그 부분의 행동이 때로는 극단적이고 파괴적일 수 있는데, 적어도 자신과 양극화되어 있는 부분을 그런 식으로 경계할 수 있기 때문이다. 긍정적인 의도를 알아내는 것은 다른 부분이 그 부분을 비난하지 못하도록 해 준다.

예를 들면 댄은 자신의 술꾼이 엄마의 거절로 깊은 상처를 입은 어린 추방자를 보호하려 애쓰고 있다는 사실을 발견한다.

술꾼은 이 고통을 참을 수 없어 어떤 일이 있어도 억제해야 한다고 생각한다. 일단 댄(과 통제자)은 이 추방자가 짊어지고 있는 고통을 인지하게 되면서 술꾼의 극단적인 면을 보다 더 동정적으로 바라본다. 이것이 폭음해도 괜찮다고 생각한다는 의미는 아니다. 단지 그들

은 술꾼의 동기를 훨씬 잘 이해할 수 있게 되었다는 의미일 뿐이다.

통제자는 댄의 폭음으로 말미암아 활성화된 여러 명의 추방자를 보호하려 애쓰고 있었다. 어떤 추방자는 댄이 술 취해 통제불능 상태가 되었을 때 수치심을 느꼈다. 다른 추방자는 폭음 때문에 결혼생활이 엉망이 되면서 댄이 버림을 받을까 봐 두려워하였다.

각 부분을 알아가면서 자신과 양극화되어 있는 부분을 향해 어떻게 느끼는지 그리고 다른 부분에 맞서기 위해 어떤 행동을 하는지 물어보라. 이렇게 함으로써 양극화의 역동에 대해 보다 명료한 생각을 가질 수 있게 된다.

예를 들면 통제자는 술꾼을 미워하고 그의 행동을 수치스러워한다. 통제자는 댄이 술을 입에 대지 못하도록 하거나 적어도 폭음을 제한하려 애쓴다. 이에 실패하면 장차 이러한 행동이 재발하지 않도록 술꾼에게 창피를 준다. 물론 이같이 창피를 줌으로써 댄은 기분이 언짢아질 뿐만 아니라 창피당한 추방자를 보호하기 위해 향후 술 마시고 떠들 가능성이 높아지게 되어 사실상 역효과를 부르게 된다.

술꾼은 엄격하게 술을 통제하는 통제자와 맞서려고 애쓴다. 자신이 통제자에 의해 억압당하며 창피당하고 있다고 생각하여 통제자를 미워한다.

그의 전략은 댄이 결과를 의식하지 못하도록(즉, 통제자를 자각하지 못하도록) 만들어 자신이 원하는 만큼 술을 마시는 것이다. 이렇게 각 부분이 다른 부분에 맞서기 위해서 더욱 극단적이 되어 감을 알 수 있다.

4단계 : 양극화된 각 부분과 신뢰관계 발전시키기

각 부분이 왜 자신의 역할을 수행하고 있는지 이해하였기에 그 노력에 감사를 표한다고 이야기해 주라. 이것은 양극화된 각 부분과 신뢰관계를 만들어 가는 데 도움을 준다(참자아가 이끄는 소인격체 클리닉 제8장을 보라). 당신은 그들이 서로 대화할 때 그들 사이에서 중재자 역할을 해야 할 것이다. 부분들은 보통 서로 미워하는 상태에 있으므로 진실된 대화에 도달하기는 쉽지 않을 것이다. 양극화된 부분이 당신을 신뢰한다면 서로 협력할 용의만 있을 뿐이다. 그렇지 않으면 한 부분이 이야기를 시작하는 즉시 다른 부분이 행동을 취하기 시작할 것이다.

　댄과 그의 부분들의 프로세스가 어떻게 진행되는지 보기로 하자. 댄이 통제자에게 이렇게 말한다. "나의 폭음을 제한하려는 당신의 노력에 감사합니다. 폭음으로 인하여 내게 닥치는 고통과 어려움을 이해합니다. 그리고 나 역시 술을 그만 마시고 싶습니다." 이렇게 하면 통제자는 댄이 자기 편이라고 생각하게 되고 댄이 또한 술꾼과 접촉할 때에도 그리 분노하지 않게 된다.

댄이 술꾼을 알아갈 때 이렇게 말하였다. "엄마에게 깊이 상처받은 어린아이 부분을 보호하려는 당신의 노력에 대해 감사합니다. 그러기 위해 폭음이라는 극단적 태도를 취하고 있는 것으로 압니다만, 한편으로 내가 그 고통을 참고 견딜 수 없다고 생각하기 때문에 당신이 그렇게 한다는 것도 이해합니다." 이렇게 함으로써 술꾼이 댄과 연결되어 있다고 느껴 그를 신뢰하도록 해 준다.

일단 당신이 양극화된 부분에게 감사를 표하고 나서는 그 부분이 당신의 감사를 받아들이고 있는지 체크하라. 만약 그 부분이 받아들이지 않고 있으면 당신이 여전히 참자아 상태에 있는지를 확인하라. 참자아 상태가 아니기 때문에 당신 말을 받아들이고 있지 않을 수도 있기 때문이다. 아니면 그 부분이 과거에 경험한 사건 때문에 남을 신뢰하기 어렵고 그로 인해 당신의 감사를 받아들일 수 없다면 그 부분과 직접 이 신뢰문제에 대해 작업하라(참자아가 이끄는 소인격체 클리닉 제8장을 보라).

신뢰문제 다루기

자신과 양극화되어 있는 부분을 당신이 편들고 있다고 믿기 때문에 한 부분이 당신을 신뢰하지 않을 수 있다. 만약 이것이 사실이라면 시인하고 이렇게 설명하라. "더 이상 그러고 싶지 않습니다. 그 때문에 당신과 상대 부분을 둘 다 알아가며 양극화를 해소하고 싶습니다." 그러나 만약 그것이 사실이 아니라면 당신이 정말로 그에게 마음을 열고 관심을 갖고 있다는 사실(그러므로 참자아 상태에 있음)을 그 부분이 깨달을 수 있도록 그 부분을 향한 당신의 태도가 어떤 것인지 설명하라.

댄의 통제자가 그를 신뢰하지 않는다고 하자. 그 부분은 이렇게 말할 수도 있다. "당신은 지금까지 이러한 폭음을 허용하고 있었습니다. 당신이 이 짓거리를 중단하려는 나의 노력에 감사하고 있다는 것을 어떻게 내가 믿을 수 있겠습니까? 당신은 정말로 술꾼 편을 드는 것으로 보입니다." 댄은 참자아 상태에서 이렇게 대답할 수 있었다. "네, 맞습니다. 내가 지나치게 폭음을 하였습니다. 저 역시 그에 대해 기분이 썩 좋지 않았습니다. 내가 그 부분을 지지하기 때문에 폭음을 했던 것이 아니라, 내가 참자아 상태에 있지 않았기 때문이었습니다. 술꾼이 장악하고 술을 마셨습니다. 당신과 술꾼 사이에 이런 대화를 가짐으로써 지금 중지시키려고 애쓰고 있는 것입니다." 이렇게 하면 통제자는 댄을 신뢰하게 될 것이다.

각 부분이 참자아와 신뢰관계가 발전되는 것만으로도 양극화는 감소될 수 있다. 내면작업 초기에는 보호자들이 참자아가 존재한다는 사실을 모르며, 참자아가 명철, 긍휼, 강건함의 원천이라는 사실도 깨닫지 못한다. IFS가 멋진 것은 우리 부분들이 참자아를 인식하고, 그것과 연결되면 보다 더 협조하게 되고 부분들 내면에 참자아 에너지를 갖게 되는 경향을 보인다는 점이다.

양극화 회기

다음은 나의 양극화반 참가자와 진행한 회기 축어록의 첫 부분이다.

프로세스의 2, 3단계, 즉 양극화된 두 부분 분리시키기, 그들을 알아가기, 각 부분과 신뢰관계 발전시키기를 보여준다.

제이 : 앤, 작업하고 싶은 양극화 부분에 대해 이야기를 해 주세요.

앤　 : 공헌을 열망하는 부분이 있어요. 그 부분은 내가 세상에 크게 공헌하기를 원해요. 워크숍을 주도하거나, 책을 저술하거나, 나아가 어떤 식으로든 인성이 발달되도록 돕거나 하면서.

　　　그런데 사람과 관계된 일은 전혀 하고 싶어 하지 않은 또 다른 부분이 있어요. 그 부분은 나가고 싶지 않대요. 아파트 내에 있거나 자연과 함께 혼자 있고 싶대요. 그 부분은 내가 정치운동가 가정 출신이기 때문에 공헌을 열망하는 부분이 가족들에 의해 세뇌당했다고 생각하네요. 그 부분은 어떤 변화를 이뤄 내려는 열망도 성장 배경에서 나오는 것으로 생각한대요. 변화를 이뤄 내고 싶어 하는 부분은 그 혼자 있고 싶어 하는 부분이 어릴 적부터 어떤 병리적 요인을 갖고 있는 것으로 여기고 있대요.

제이 : 그래서 그들 각각은 상대방에 대해 꽤 강한 비판을 하고 있군요.

각 부분이 상대방을 향하여 부정적으로 생각하고 있음에 유의하라.

앤　 : 네, 그래요.

제이 : 좋습니다. 잠깐만 당신이 각 부분과 섞여 있는지 보세요.

양극화 작업에 성공적으로 참여하기 위해서는 내담자가 참자아 상태에 있어야 하며 각 부분과 섞여서는 안 된다.

앤　: 약간 사람을 멀리하고 싶어 하는 부분과 섞여 있는 것 같은 느
　　　낌이 들어요. 오늘 아침 어떤 사람들과 이상한 대화를 나눴기
　　　때문인가 봐요.

제이 : 네.

앤　: 사람들은 골칫거리라고 생각한대요.

제이 : 좋습니다. 그러면 그 부분이 당신과 분리될 용의가 있는지 물어
　　　보세요. 그 부분을 알아가며 도울 수 있도록, 다른 때는 말고 이
　　　회기에서만이라도.

앤　: 네, 사실 그럴 수 있으면 좋겠다네요. 이 프로세스에 꽤 관심이
　　　있대요.

제이 : 좋습니다.

앤　: 흔쾌히 협력하겠답니다.

제이 : 좋습니다. 감사하다고 해 주세요. 당신이 각 부분을 차례로 알
　　　아가면 좋겠습니다. 어떤 부분부터 시작하고 싶습니까?

앤　: 방금 분리된 부분, 사람을 멀리하는 부분이 그러는데 상대방 부
　　　분, 즉 삶의 목적 부분부터 먼저 시작하라네요. "먼저 하세요.
　　　다른 부분이 먼저 말하라고 하세요." 매우 협조적이에요. 삶의
　　　목적 부분은 정말로 이야기하고 싶대요.

제이 : 좋습니다. 그렇게 하시죠. 당신이 아직 준비가 덜 되었다면 조
　　　금 있다가 삶의 목적 부분에 다가가지요. 당신이 몸 안에서 그
　　　부분을 느끼거나 혹은 그 이미지가 떠오르면 알려주세요.

앤　: 좋습니다. 내 심장 주위에 에너지가 솟구치는 느낌이 들었어요. 이 부분이 지금 여기에 있고 내가 그 부분과 닿아 있는 것 같아요.

제이: 지금 그 부분을 향하여 어떤 느낌이 듭니까?

앤　: 그 부분에게 애정이 느껴져요. 그 부분을 좋아하는 느낌이라고 말할 수 있을 것 같아요.

이것은 앤이 삶의 목적 부분에 관해 참자아 상태에 있는지 체크하는 것이다. 그녀가 그 부분으로부터 분리되는 것뿐만 아니라 열린 마음으로 그 부분을 알아가는 데 관심을 가져야 할 필요가 있다. 그녀는 아마 그런 상태인 것으로 보인다.

제이: 그 부분에게 자기 역할이 어떤 것인지, 당신에게서 어떤 것을 원하는지 이야기해 달라고 하세요.

앤　: 내가 나아가 어떤 형태로든 공헌하기를 원한대요. 내가 여러 사람들에게 유용한 많은 지식과 많은 사람들이 알지 못하는 내면 삶에 접근하는 방법들을 가지고 있대요. 내가 많은 부분 공헌할 수 있을 거라 생각하고 있고 그리 해 주기를 열망하고 있어요.

제이 : 좋습니다. 당신이 그 일을 함으로써 어떤 것을 얻거나 성취할 수 있기를 바라는지 그 부분에게 물어보세요.

앤 : 그 질문을 하셨을 때 정말로 흥미로운 것이 떠올랐어요. 이 부분은 내가 어떤 식으로든 나 자신이 가치 있는 존재라는 것을 증명하고 싶대요. 그것은 내게 정말로 새로운 정보예요. 그 부분은 이렇게 공헌하는 것이 내가 가치 있는 존재라는 것을 다른 사람에게 증명하는 방법이라고 생각하고 있대요.

제이 : 당신이 가치 있는 존재라는 것을 증명하면 어떤 점이 좋은지 그 부분에게 물어보세요.

앤 : 정말 재미있네요. 상처받고 창피당한 추방자의 오명을 씻어 줄 수 있을 것 같대요.

제이 : 좋습니다. 내면에 수치감과 상처받은 추방자가 있군요. 삶의 목적 부분은 당신이 나아가 공헌을 하여 사람들이 당신의 가치를 높이 평가하도록 만듦으로써 추방자를 보호하고 싶어 합니다. 맞습니까?

앤 : 네. 보호자는 내가 어렸을 때 사람들이 나를 놀렸던 것으로 기억하고 있어요. 사람들은 나를 이상하게 생각하고 내가 너무 예민하다고 비난했어요. 이로 인해 추방자는 상처를 받았지요. 예민한 것은 천부적인 재능이지요. 절대로 골칫덩이가 아니지요. 어떻게 해서든지 이 보호자는 추방자를 위해 상

황을 바꾸고 싶어 해요. 그리고 자신의 예민함이 강한 무기라는 것을 추방자 자신이 경험해 보기를 원하고 있대요.

내가 가진 재능을 자연스럽게 표출하고자 하는 것이 주된 동기지만 거기에는 다음과 같이 말 속에 뼈가 들어 있대요. 사람들이 나의 예민함을 폄하하는 것이 잘못된 것임을 모든 사람에게 보여주고 싶대요.

제이 : 그렇군요. 따라서 삶의 목적 부분이 가진 동기에는 두 가지 측면이 있습니다. 하나는 당신의 재능을 드러내고 삶의 목적을 따라 살고자 하는 자연스러운 욕구이고, 다른 하나는 추방자를 보호하는 것입니다.

흔히 그렇듯이 삶의 목적 부분의 동기가 가진 건강한 측면도 있고, '극단적인'(역기능적이란 표현의 IFS 용어) 측면도 있다. 그녀의 재능을 표현하고 세상에 족적을 남기고자 하는 욕구는 건강한 것이다. 그녀의 예민함이 나쁜 것은 아니지만 가치 있는 것이라는 사실을 증명하려는 욕구는 좀 더 극단적이다. 왜냐하면 그녀가 어렸을 때 수모를 당했던 그녀의 추방자를 보호하고자 하는 필요에서 온 것이기 때문이다. 이것은 삶의 목적 부분의 보호적인 측면이다.

앤　 : 네.

제이 : 이 보호자가 자신을 알아주었으면 하는 또 다른 것이 있는지 보세요.

앤　 : 아니에요. 그게 전부예요.

제이 : 보호자에게 감사하는 마음이 듭니까? 당신을 위해 하려고 애쓰는 것에 대해서 말입니다.

앤 : 아. 네. 그럼요.

제이 : 네. 그러신 것 같았어요. 이제 그 부분에게 이야기해 주세요. 이미 알고 있을 수도 있겠네요. 그렇지만 그렇지 못할 경우를 생각해서 당신이 고마워하고 있다는 사실을 그 부분에게 이야기해 주세요.

앤 : 좋습니다.

제이 : 반응이 어떤가요?

앤 : 인정받는 느낌이라고 좋답니다. 지금까지 누군가 나를 지켜보고 있었던 것 같은 착 가라앉는 느낌이랄까! 기분이 좋네요.

앤은 삶의 목적 부분의 역할을 발견했을 뿐만 아니라 감사를 표함으로써 멋진 관계를 맺을 수 있었다. 이것은 두 부분이 서로 대화할 때 도움이 될 것이다.

제이 : 좋습니다. 이제 그 부분에게 사람을 멀리하는 부분을 향해 어떤 느낌이 드는지 물어보세요.

앤 : 사람을 멀리하는 부분을 향해 정말로 분노가 치밀어 오른대요. 항상 자신의 삶의 목적 부분을 훼방 놓으려고 애쓰고 있는 듯한 느낌이랍니다.

제이 : 좋습니다. 당신이 이제 사람을 멀리하는 부분을 알아가는 것을 삶의 목적 부분도 허락할 용의가 있는지 체크해 봅시다.

앤　: 그 부분이 삶의 목적 부분을 방치하지 않겠다는 약속을 해 주면
　　　좋겠답니다.

제이 : 네. 당신이 사람을 멀리하는 부분을 알아가기만 하고, 그 부분
　　　이 장악하지 않도록 하겠다고 약속을 해 주세요.

앤　: 네. 이제 그렇게 하겠답니다.

처음에는 사람을 멀리하는 부분이 그녀를 장악하고 사람들과 가까이하지
못하도록 할지 모른다는 두려움에, 삶의 목적 부분은 앤이 다른 부분을 알
아가는 작업 허락하기를 주저하였다. 그러나 그녀는 그런 일은 일어나지 않
도록 하겠다고 안심시켰고, 삶의 목적 부분은 허락해 주었다.

제이 : 그러면 사람을 멀리하는 부분에다 초점을 맞추어 주세요.

앤　: 그러지요.

제이 : 그 부분의 이미지나 신체 감각이 느껴집니까?

앤　: 마치 큰 뿔을 가진 큰 뿔양 같아요. 아무거나 들이받아 버려요.
　　　비키라고. 매우 방어적이고 돌진해서 들이받아 쫓아내기를 좋
　　　아해요. 이 양 부분은 그리 요령 있게 행동하지 못해요.

그녀가 사람을 멀리하는 부분을 더 잘 알아가면서 이름을 양 부분으로 바
꾸었다. 이름이 바뀌는 경우는 꽤 흔하다.

제이 : 지금은 양 부분을 향해 어떤 느낌이 듭니까?

앤　: 아주 사랑스럽게 느껴져요(웃음).

제이 : 좋습니다.

앤　 : 그러나 그 부분에 초점을 맞출
때는 두통이 조금 느껴지는 것
같아요. 내 머리 주위에 그 부
분을 억압하려는 에너지가 느
껴져요. 그것이 나를 무감각하
게 만들고 있어요. 머리로 들
이받기 때문에 생기는 것 같지
는 않아요. 그것이 어떻게든 나의 자각, 나의 예민함을 거부하
는 듯해요. 감각이 마비되는 것 같아요.

제이 : 그 부분에게 원하는 것, 염려하는 것들이 어떤 것이 있는지 이야
기해 달라고 해 보세요.

앤　 : 모든 사람이 자기 좀 혼자 내버려 두면 좋겠대요. 혼자 있는 것
이 낫다고 하네요. 자기는 자연과 시간을 보내면 뿌듯하고 균형
잡힌 느낌이 든대요. 그 부분은 내가 내면 시스템과 시간을 보
내기를 원하지 다른 사람들과 힘든 관계 속에 놓이기를 전혀 원
치 않는대요. 내게 원하는 것은 그것이라는군요.

제이 : 그 부분에게 사람들이 당신에게 어떤 짓을 할까 봐 두려워하는
지 물어보세요. 당신으로 하여금 사람들을 피하도록 만드는 어
떤 행동 말입니다.

앤　 : 내가 꼬마였을 때 덩치 큰 사람들이 모두 내 귀에다 대고 소리
지르고 있는 이미지가 떠올라요. 이런 시끄러운 전화 잡음이 늘
있었던 것 같아요. 정말로 엄청난 큰 소리예요. 내가 내 말을 들

지 못할 정도로 너무너무 잡음이 많아요. 내 감정을 느낄 수도 없어요.

제이 : 이 부분이 정말로 염려하는 것은 다른 사람들이 당신 감정을 느끼지 못하게 만드는 것이군요, 맞나요?

앤 : 네. 귀와 머리를 감싸고 있는 작은 소녀 이미지가 떠올라요. 자신을 보호하려고 하며, 모든 미친 짓으로부터 신경을 끊으려고 애쓰고 있는……. 뭔지 슬픔이 올라오고 있어요.

제이 : 이 작은 소녀는 양 부분과 동일한 부분인가요, 아니면 다른 부분인가요?

앤 : 양 부분이 보호하고 있는 추방자 같은 느낌이에요. 추방자는 다른 사람에게서 들려오는 이 모든 잡음, 혼란스러운 소리에 압도당하고 있어요.

앤이 양 부분에게 어떤 것이 두려운가 묻자, 그 부분의 긍정적인 의도를 발견하였을 뿐만 아니라, 그 부분이 보호하고 있는 추방자에게도 접근하게 되었다.

제이 : 좋습니다. 양 부분이 정말로 그녀를 보호하려고 애쓰고 있군요. …… 이러한 잡음과 사람들의 외침으로부터.

앤 : 폭력으로부터도요. 단순한 잡음이 아니라 신체적 학대로부터도요.

양 부분은 어릴 적에 경험하였던 분노와 폭력으로부터 앤을 보호하려 애쓰고 있다.

제이 : 양 부분에게 작은 소녀를 어떻게 보호할 것인지 이야기해 달라
　　　고 해 보세요.

앤　 : 내가 사람들과 함께 있을 때 정말로 심한 스트레스를 받도록 만
　　　들고, 나 혼자 있을 때는 정말로 기분이 좋고 평화롭게 만든답
　　　니다. 양 부분이 있고 없을 때는 천지 차이예요.

제이 : 양 부분은 당신이 다른 사람들과 함께 있을 때 더욱 스트레스
　　　받게 만드는군요.

앤　 : 네.

제이 : 그 부분에게 어떤 방법으로 그렇게 하느냐고 물어보세요.

앤　 : 양 부분은 내가 다른 사람들과 함께 있을 때는 내 에너지가 빠
　　　져나가고 있다고 믿게 만들어요. 그리고 나를 아주 피곤하게 만
　　　들며, 혼자 있기만을 고대하게 만들지요.

제이 : 양 부분이 자신에 대해 알아주기를 바라는 또 다른 것이 있는지
　　　알아보세요.

앤　 : 오히려 적대적이에요. "나는 절대로 당신이 다른 사람과 함께
　　　있지 못하게 할 거야. 나는 항상 당신이 이 자리에 꼭 붙어 있게
　　　할 거야."라고 하면서요.

제이 : 그 부분은 당신을 향해 적대감을 가지고 있습니까?

앤　 : 네. "방해하지 마!" 하면서, "내 담당이야! 나는 그런 방식으로
　　　밀고 나갈 거야. 시스템을 절대 바꾸려고 하지 마!"라고 이야
　　　기하네요.

제이 : 그 부분에게 당신이 어떤 짓을 할까 봐 두려워하는지 물어보세요. 그 부분으로 하여금 당신을 향해 적대적이 되도록 만드는 어떤 행동 말입니다.

앤 : 양 부분은 내 삶의 목적이 자신의 바람을 짓밟으면 어떻게 하나 두려워하고 있어요. 삶의 목적 부분이 너무 강해서 결국에는 이기게 되지나 않을까 하면서.

제이 : 화를 내지 않으면 삶의 목적 부분이 장악하기 때문에 작은 소녀 부분을 보호할 수 없겠다는 두려움이 있군요. 그래서 그 부분이 적대감을 갖고 있군요.

앤 : 네. 정말로 흥미롭다는 느낌이 들어요. 양 부분은 자신이 정말로 추악한 욕을 해야겠다고 생각하고 있어요. 양 부분은 삶의 목적 부분이 정말로 듣기 좋은 소리를 하고 있다는 것을 알고는 있지만, 그 듣기 좋은 소리가 결국 이기도록 하고 싶어 하지는 않아요. 그 둘의 정서는 정말로 양극화되어 있다고 할 수 있어요.

제이 : 듣기 좋은 소리가 이기면 어떤 일이 일어날 것 같은지 양 부분에게 물어보세요.

앤 : 사람들이 자연스럽게 내게로 다가오겠지요.

제이 : 그들이 당신에게 다가오면 어떤 일이 일어날까 봐 두려워합니까?

앤 : 그러면 내 주위에 사람들이 많아지면서 소리치며 비열한 짓을 시작하겠지요. 나를 불쾌하게 만들면서.

양극화가 양 부분을 더욱 극단적으로 만들고 있음에 유의하라. 그 부분은 삶의 목적 부분에 대항하기 위해서는 자신이 적대적이 되어야 상처받은 추방자를 보호할 수 있다고 믿고 있다.

제이 : 당신이 그들의 외침 때문에 엄청난 고통을 느끼고 있다는 사실이 실감나네요. 아마도 상당 부분이 추방자의 고통일 것 같아요.

앤 : 네.

제이 : 양 부분이 왜 그토록 보호하려고 하는지 분명히 이해가 되네요. 양 부분이 당신을 보호하기 위해 가로막으려는 것이 바로 그것이라면.

앤 : 네.

제이 : 양 부분이 추방자를 보호하려 애쓰고 있다는 사실을 당신이 고마워하고 있는 것 같습니다.

앤 : 네. 정말 그래요.

제이 : 양 부분이 애쓰는 것을 고마워하고 있다고 이야기해 주세요.

앤 : 이 양 부분이 자신이 지금까지 해 오던 일을 더 이상 하고 싶어 하지 않는다는 느낌이 강하게 들었어요. 이렇게 크게 자란 뿔 때문에, 그리고 늘 모든 것을 밀어젖히려는 것 때문에 두통을 앓고 있잖아요. 그러나 양 부분이 정말로 무서워하고 있는 것은 추방자가 상처받는 것이랍니다. 또한 자신이 나쁘게 보이는 것에 대해서도 염려하고 있답니다. 비록 내 눈에는 그 부분이 나쁘게 보이지는 않지만요.

앤이 고마워하는 것을 알고 난 후에는 양 부분이 자신의 역할에 대한 고집을 내려놓았다. 이것은 아마도 이제 참자아가 곁에 있어 자신이 인지한 위험에 대해 해결을 도와주고 있다는 사실을 깨달았기 때문일 것이다. 일단 양 부분이 고집을 내려놓은 후에는 자신의 임무에 싫증이 난 상태임을 깨달았다.

제이 : 비록 당신이 양 부분을 나쁘게 보지는 않더라도 나쁘다고 보는 또 다른 부분이 있을 수는 있습니다. 양 부분이 그것을 염려하는 것은 아닌가요?

앤　 : 내가 아는 사람들은 사람을 멀리하는 나의 행동이 정말로 나쁜 거라고 생각하고 있어요.

제이 : 그것은 분명히 이해할 만해요. 양 부분의 임무는 사람들로 하여금 그런 식으로 느끼도록 만들어 당신에게 너무 가까이하지 못하도록 하는 것입니다. 맞나요?

앤　 : 네.

제이 : 양 부분이 자신의 역할을 내려놓을 수 있을 만큼 우리가 안전한 환경을 만드는 작업을 하고 있다는 사실을 이야기해 줄 수도 있을 것 같습니다.

앤　 : 양 부분은 자신이 이러지도 저러지도 못하는 상황인 것 같답니다. 자신은 정말로 그 기능을 내려놓고 싶지만 추방자는 정말로 두려워하고 있대요. 그러나 이제 정말로 자신이 지지 받고 있다는 것을 느낀답니다. 그래서 이 딜레마에 혼자 빠져 있는 것은 아니래요. 상당한 도움을 받았대요.

이 회기는 참자아와 양극화된 각 부분 사이의 관계를 발전시키는 것이 중요함을 보여주고 있다. 일단 그들이 참자아와 연결되어 있음을 느끼면 그들은 서로 협력하는 법을 훨씬 쉽게 배울 수 있게 된다.

다음 장에 계속되는 이 축어록은 IFS를 사용한 양극화 해소의 장점을 보여주고 있다. 양극화된 부분 사이의 대화를 유도하는 다른 치료법이 없는 것은 아니지만 그것들은 단순히 부분들끼리 이야기하도록 하는 것에 불과하다. IFS는 참자아의 중요성과 양극화된 부분을 참자아에 연결시키는 중요성을 인정하고 난 다음에 대화를 시작한다. 이것이 엄청나게 큰 차이를 가져오는 것이다.

연습 : 양극화된 부분 알아가기

바로 전 연습에서 나온 양극화된 부분으로 계속 진행하라. 차례로 각 부분을 알아가고 그 부분과 신뢰관계를 발전시키라.

각 부분은 당신을 신뢰하는 것이 어려웠는가? _____
_____

부분의 신뢰를 얻기 위해 어떤 일을 하였는가? _____
_____

각 부분이 상대 부분을 향해 어떤 느낌을 갖는지에 대해 배운 점은 무엇이었는가? _____
_____
_____

각 부분이 상대 부분에 대항하기 위해 어떤 일을 하는지에 대해 배운 점은 무엇이었는가? _____

_____

_____

이 장에서는 양극화를 설명하였고 이에 대해 작업하는 첫 단계를 다루었다. 양극화 해소 단계는 다음 장에서 계속된다.

제 5 장

부분들 간의 갈등 해소하기 :
양극화 해소 대화

일단 당신이 양극화된 각 부분과 연결되었으면 양극화와 부분들 사이의 협력 촉진을 향하여 진행한다.

5단계 : 추방자 작업이냐 대화냐의 결정

양극화된 각 보호자는 두 가지 이유에서 자신의 극단적인 역할에 갇혀 있다. 첫째, 자신의 추방자를 보호하고 있으며 둘째, 자신이 위험하다고 생각하는 부분과 양극화 관계에 있다. 그러므로 양극화된 상황을 해소하는 방법에는 두 가지가 있다(많은 경우 두 가지를 다 해야 한다).

1. **추방자 작업.** 한 가지 방법은 한 부분이나 두 부분 모두가 보호하고 있는 추방자(들)를 치유하고 보호자들이 서로 잘 지낼 수 있도록 자신들의 보호적인 역할을 내려놓도록 돕는 것이다. 어느 한 보호

자가 매우 상처받기 쉽거나 외상을 경험한 추방자를 보호하고 있기 때문에 극단적이 되었다면, 그 부분은 아마도 추방자가 치유될 때까지는 내려놓지 않을 것이다. 그러므로 표준 IFS 방법을 따라 이 추방자에 접근할 수 있는 허락을 보호자로부터 얻은 다음 추방자 알아가기, 어릴 적 짐을 떠맡게 된 기억 목격하기, 재양육하기, 데리고 나오기, 짐 내려놓기 단계를 차례로 따른다(참자아가 이끄는 소인격체 클리닉 제10~14장을 보라). 이 작업이 끝난 후에는 보호자가 긴장을 늦추고 자신의 역할을 내려놓도록 돕는다(참자아가 이끄는 소인격체 클리닉 제15장을 보라).

이 작업 순서는 참자아가 이끄는 소인격체 클리닉에서 다루므로 이 책에서는 양극화 작업과 어떤 관련이 있는가를 보여주는 것 외에는 자세히 논의하지 않을 것이다.

2. **대화.** 나머지 방법은 두 부분 사이에 양극화 해소 대화를 촉진시키는 것이다. 이것은 그들이 서로 싸우기보다는 협력하는 법을 배우도록 도와준다. 이 프로세스는 이 장 후반부에서 설명한다.

양극화 프로세스의 5단계는 이 두 방법 중 어떤 것을 사용할 것인지 결정하는 것이다. 단순히 표준 IFS 방법으로 양극화된 한 부분과 작업을 시작할 수도 있다. 그리고는 어디까지 진행할 수 있는지 본다. 만약 문제에 봉착하면, 예컨대 상대 부분이 계속해서 끼어들어 당신이 초점을 맞추고 있는 부분을 공격한다면 이것은 양극화에 초점을 맞출 필요가 있음을 가리키는 것으로 볼 수 있다. 만약 한 부분을 끝까지 따라가 추방자의 짐 내려놓기를 하지만 당신 행동이 변하지 않는다면, 이것은 직접적으로 양극화 작업을 해야 함을 뜻한다.

양극화는 어느 한 보호자의 극단적인 행동이나 감정에 의해 주로 야기되지만, 이것을 해결하려는 시도 때문에도 생긴다. 보통 첫 번째의 보호자 극단 현상은 추방자를 보호하려는 절박한 필요에서 나온다. 따라서 먼저 추방자의 짐 내려놓기를 하는 것이 타당하다. 그러고 나서 보호자가 덜 극단적이 될 수 있는지 혹은 자신의 역할을 내려놓기까지 진행할 수 있는지 체크한다. 이렇게 함으로써 양극화는 해소될 수 있다. 그렇지 못하더라도 이러한 추방자의 치유는 대화를 통해 양극화 해소를 용이하게 만들어 준다.

이제 열심히 일하도록 밀어 부치는 정진하는 부분과 위협적이라고 생각되는 일을 회피하려고 애쓰는 뒤로 미루는 부분 사이의 양극화를 겪고 있는 블레이크의 사례로 되돌아가 보자. 블레이크는 자기가 이 과제를 떠맡고는 실패할 것을 두려워하기 때문에 뒤로 미루는 부분이 강렬하다는 것을 감지하였다고 하자. 그 부분은 블레이크가 어렸을 때 비판이나 수모를 당했던 추방자를 보호하고 있는 것이다. 이 경우 추방자가 치유되고 뒤로 미루는 부분이 짐을 내려놓기 전까지는 아마도 블레이크가 큰 진전을 이루지 못할 것이다.

반면에 때로는 서로 대항하고 있는 두 부분이 양극화를 부추기는 주된 추진력이 될 수 있다. 그렇다고 해서 두 부분이 추방자를 보호하고 있지 않다라는 의미가 아니라 오히려 그들이 서로 대항하는 것에 매우 관심을 갖고 있는 것으로 볼 수 있다는 의미이다. 이것이 양극화를 주도하고 있는 주체가 된다. 이 경우에는 양극화 해소 대화로 시작하는 것이 타당하다. 두 부분을 협력하도록 도움으로써 추방자를 치유할 필요 없이 양극화를 해소할 수도 있고, 또는 좀 더 마음이 통하는 내면 관계를 만들 수도 있다. 후자는 추방자들에 접근하여 치유하기 쉽도록 만든다.

다른 양극화 상황, 즉 홀리의 작업 감독자와 뒤로 미루는 부분 사이의 양극화를 머릿속에 그려 보자. 그녀의 작업 감독자는 정말로 밀어부치고 있고 뒤로 미루는 부분은 극단적인 추진 성향에 대항하고 있다. 홀리는 자신의 작업 감독자가 가지고 있는 성공에 대한 지나친 욕망이 극단적으로 밀어 부치는 아버지를 닮았고 뒤로 미루는 부분은 아버지의 비난을 가로막기 위해 설계된 것임을 알고 있다. 그녀는 보호받고 있는 추방자—아버지에 의해 상처받은 추방자—가 극단적으로 상처받은 것은 아니라는 것을 알고 있다. 이 경우 홀리는 추방자 작업보다는 양극화 해소 대화로 시작하는 것이 타당하다.

때로는 두 부분이 주로 격한 반론을 가진 양극화된 환경에서 자랐기 때문에 서로 싸우고 있으며, 양극화된 각 부분이 어릴 적 양극화의 어느 한 면만을 닮고 있기 때문에 당신이 내면적으로 그 외부 환경을 재현하고 있는 경우도 있다. 이 경우에는 대화로 시작하는 것이 좋을 것이다.

보호자를 알아가고 있을 때 보호자가 자신이 보호하고 있는 추방자에 대해 염려하고 있는지 자신과 양극화 관계에 있는 부분에 대해 염려하고 있는지 구별할 수 있는 방법이 있다. 보호자에게 표준 IFS 질문을 던지라. "당신은 그 역할을 하지 않으면 어떤 일이 일어날까 봐

두려워하고 있습니까?" 만약 보호자가 "당신이 버럭 화를 낼까 봐
(혹은 다른 파괴적인 행동을 할까 봐) 두려워하고 있습니다."라고 한
다면 바로 앞 장에서 언급한 바와 같이 버럭 화를 낼지도 모르는 (혹
은 두려움으로 인한 행동을 할지도 모르는) 부분을 가리킨다. 이것은
아마도 보호자가 자신의 양극화된 부분에 대항하는 것에 주로 관심을
갖고 있다는 사실을 가리킨다. 그래서 양극화 해소 대화로 시작하는
것이 나을 수 있다.

어떤 방법으로 시작하든지 나머지 방법도 사용할 필요가 있다. 따
라서 시작하는 방법이 문제가 되지는 않는다. 예를 들면 어떤 경우에
는 비록 양극화 해소 대화로 시작했을지라도 양극화를 해소하기 위해
서는 보호 받고 있는 추방자들을 여전히 치유할 필요가 있게 된다. 혹
은 양극화 해소에 추방자 치유가 필요 없을지라도 당신의 웰빙을 위
해 언젠가는 치유하는 것이 여전히 도움이 될 것이다.

반면에 어느 하나 혹은 두 추방자를 치유하는 것으로 시작하였을지
라도 양극화를 충분히 해소하기 위해서는 여전히 양극화 해소 대화에
참여할 필요가 있다.

연습 : 먼저 작업할 내용 결정하기

앞 장에서 작업하였던 양극화된 부분들과 계속 진행하라. 어느 한 부분
에 의해 보호 받고 있는 추방자를 치유하는 것이 나은지, 양극화 해소
대화를 하는 것이 나은지 결정하라. 만약 추방자를 치유하기로 한다면
참자아가 이끄는 소인격체 클리닉 제11~14장에서 배운 것을 활용하여 진
행하라. 그리고 나서 상대 부분에 의해 보호 받고 있는 동일한 추방자

나 또 다른 추방자를 치유할 필요가 있는지 결정하라. 그리고 그 추방자를 치유하라. 대화를 하기로 한다면 이것으로 연습은 종료된다.

추방자를 치유하기로 결정하였다면 어떤 추방자인가? _____

_____

그 추방자와 치유 과정을 밟을 때 어떤 일이 일어났는가? _____

_____

두 번째 추방자가 있었다면 작업은 어떻게 진행되는가? _____

_____

추방자를 치유할 수 있었다면 그 작업이 양극화를 해소시켜 주었는가?

_____

6단계 : 양극화 해소 대화

양극화 해소 대화를 하기로 결정하면 다음 단계는 대화를 위해서 두 부분으로부터 허락을 받는 것이다. 갈등을 해소하기 위해 상대 부분과 기꺼이 대화할 용의가 있는지 한 번에 하나씩, 각 부분에게 물어보라. 대화는 (참자아 상태에 있는) 당신의 안내를 받으면서 진행하게 될 것임을 분명히 주지시키라. 당신이 한 부분과 행한 작업을 상대 부분이 자각하고 있는지 물어볼 수도 있다. 이렇게 함으로써 상대 부분은 좀 더 마음을 열고 대화할 수 있게 된다.

많은 경우 두 부분은 대화하는 것에 동의할 것이다. 당신이 각 부분과 신뢰관계를 발전시키는 과정에서 이미 예비작업을 행하였기 때문이다. 그러나 어느 한 부분이라도 내켜 하지 않는다면 대화 중에 어떤 일이 일어날까 봐 두려워하는지 물어보라. 그리고 나서 그 부분이 가지고 있는 두려움에 대해 안심시키라.

대화에의 참여 및 각 부분을 다루는 법과 관련하여 양극화된 부분들이 갖는 공통된 두려움을 다음에 열거하였다.

1. 상대 부분이 장악하고 위험한 짓을 할까 봐 두려워한다. 예를 들면 만약 한 부분을 지금까지 갇혀 있었던 곳에서 나오게 만들면 상대 부분이 누군가에게 분노를 터뜨릴까 봐 두려워할 가능성이 있다. 당신은 참자아 상태를 유지할 것이며 상대 부분이 장악하지 못하도록 하겠다고 설명하라. 물론 이것이 상대 부분을 절대로 장악하지 못하도록 만들겠다는 의미는 아니다. IFS에서는 부분에게 절대로 강요하지 않는다. 당신이 참자아 상태를 유지하며 부분들 사이에 건설적인 대화가 이루어지도록 하는 데 초점을 맞추면 상대 부분이 위험한 짓을 할 가능성은 낮아질 것이다.

2. 공격을 받을까 봐 무서워 상대 부분에게 이야기하기를 두려워한다. 예를 들어 내면 비판자 부분이 비판하기 시작할까 봐 두려워할 수 있다. 당신이 대화를 책임지겠으며, 상대 부분이 공격한다면 어떤 것이 두려워 공격하는지 물어보라. 그리하여 대화를 다른 방향으로 옮겨 가도록 한다. 각 부분이 서로 협력하는 법을 배우도록 독려한다. 당신이 회기 초반에 안전하게 이미 상대 부분과 관계를 맺었었다는 사실을 무서워하는 부분에게 상기시켜 주라.

3. 대화가 상대 부분을 합리화시킬 것이라 생각하기 때문에 상대 부분과 이야기하고 싶어 하지 않는다. A 부분은 B 부분이 너무 사악하여 말할 시간을 조금도 주어서는 안 된다고 믿는다. A 부분은 B 부분을 완전히 제외시키고 그와 관계를 끊고 싶어 한다. B 부분은 당신에 대해 긍정적인 의도를 가지고 있으므로 그의 이야기를 들어줄 가치가 있다는 사실을 설명하라. 또한 B 부분을 추방한다고 해서 효과가 있는 것이 아님을 주지시키라. 왜냐하면 그 부분은 당신이 자각하지 못하는 데서 작동하여 더 큰 해를 끼칠 것이기 때문이다. 무엇보다 대화를 통해 B 부분이 더 이상 파괴적이지 않는 새로운 협력 상황을 낳게 될 것이다.

당신은 이미 각 부분을 알아가며 그 부분의 긍정적인 의도를 발견하는 작업을 해 왔기 때문에 큰 이점을 가지고 있다. 이 과정이 진행되고 있는 동안 각 부분이 어떻게 도우려 애쓰고 있고, 어떻게 상처받은 추방자를 보호하려 애쓰고 있는지 알아내었다.

게다가 당신이 양극화된 한 부분을 알아가고 있는 동안 상대 부분은 뒤에서 귀를 기울이고 있을 가능성이 있다. (부분들은 이렇게들 한다.) 경청을 통해 완전히 사악하고 파괴적이라고 생각했던 그 부분이 실제로는 상처받은 아이 부분을 보호하려 애쓰고 있었다는 사실을 발견했을 수도 있다. 이러한 이해는 부분들 간의 반감을 경감시켜 주게 된다. 각 부분은 상대 부분이 정말로 당신을 도우려 애쓰고 있다는 사실을 깨닫기 시작한다. 따라서 비록 그들은 서로 상대 부분이 문제를 야기한다고 생각하고 있을지라도 서로에게 좀 더 마음을 열고 대화에 기꺼이 응할 가능성이 있다.

예를 들면 댄의 통제자 부분은 술꾼 부분이 댄에게 심각한 문제를 일으키고 있기 때문에 처음에 그 부분을 미워하였다. 그러나 통제자는 댄이 술꾼과 작업하는 것을 곁에서 들으면서 술꾼이 엄마로부터 가혹하게 거절당해 상처받은 작은 소년을 보호하려 애쓰고 있다는 사실을 알게 되었다. 그리고 나서 통제자는 누그러졌다. 통제자는 술꾼이 엄청난 고통과 싸우기 위해 최선을 다하고 있다는 사실을 깨달았고, 그러한 깨달음이 마음을 열고 술꾼과 대화하도록 만들었다.

만약 한 부분이 허락해 주지 않는다면 이것은 당신이 이 부분과의 관계 증진 작업을 더 해야 할 필요가 있음을 가리킬 수 있다. 그 부분이 대화가 성공적으로 진행될 만큼 당신을 신뢰하지 않는 것일 수 있다. 당신이 정말로 그 부분을 고마워하고 있는지 체크하라. 그리고 필요하면 그 부분을 진실로 이해하며 고마워하는 데 더 많은 시간을 쏟도록 하라. 혹은 만약 그 부분이 당신이 고마워한다는 사실을 깨닫지 못한다면 고마움을 전하고 그 부분이 받아들일 수 있도록 도우라. 만약 여전히 당신을 신뢰하지 않는다면 직접 신뢰의 문제에 대해 작업하라(참자아가 이끄는 소인격체 클리닉 제8장을 보라).

또 하나의 가능성은 당신이 참자아 상태에 충분히 접근하지 못하여서 상대 부분이 자신을 공격하거나 위험한 짓 하는 것을 막을 수 없다고 생각하기 때문에 두려워하는 것이다. 이 경우 양극화 해소 대화는 당신이 참자아 상태에 충분히 도달할 때까지 미루도록 한다.

치료사인 당신은 양극화된 상대 부분과 이야기하겠다고 동의하면 혹시 나 무슨 일이 일어날까 봐 두려워하는 내담자 부분을 안심시켜 줄 수 있 다. 때로는 내담자 부분들이 아무런 나쁜 일이 일어나지 않을 거라고 장 담할 만큼 내담자가 충분히 알고 있거나 강하다고 믿지 않는다. 그러나 그들이 (치료자인) 당신을 신뢰할 수는 있다. 그러므로 당신의 권위를 사용하여 허락을 얻으라. 당신은 둘 중의 어느 한 부분이 장악하고 위험 한 짓을 하거나 상대 부분을 공격하는 것을 허락하지 않겠다고 그들에 게 확신을 주라.

7단계 : 양극화 해소 대화의 시작

일단 당신이 두 부분으로부터 허락을 받으면 프로세스의 7단계인 양 극화 해소 대화를 시작할 수 있다.

대화의 장을 만드는 데는 세 가지 방법이 있는데 외부적인 방법, 내 면적인 방법, 혹은 이 둘의 혼합이 그것이다.

외부적인 방법. 이 방법은 게슈탈트 치료에서 처음으로 사용되었다. 세 개(혹은 그 이상)의 의자나 방석을 펼쳐놓고 두 개는 각 부분을, 한 개 는 참자아를 나타내도록 한다.

한 부분이 이야기할 차례가 되면 해당 의자에 앉아 그 부분이 되거 나 그 부분의 역할을 한다. 달리 표현하면 해당 부분과 의식적으로 섞 이라는 것이다. 이것은 어떤 부분이 당신과 섞여 있다는 사실을 자각하지 못하는 정상적인 섞임과는 다르다. 이 경우에는 당신이 의도적으로 그 부분과 섞이는 것이다. 그리하여 당신은 그 감정을 느끼고 관심사항을 말한다. 그러나 당신은 의도적으로 하기 때문에 그 부분의 감정에 압도되지 않을 뿐만 아니라 그 부분의 세계관을 믿지도 않는다. 당신은 순간적으로 그 부분이 되지만 당신의 더 큰 관점은 유지하고 있는 것이다.

당신은 부분으로서 크게 소리를 지른다. 상대 의자를 보며 대화가 그 의자에 앉아 있는 상대 부분으로 향하게 한다. 그리고 나서 자리를 바꾸며 상대 부분이 된다. 다시 먼저 부분에게 큰 소리로 반응한다. 필요한 상황에서는 대화를 촉진시키기 위해 당신은 참자아 의자에 앉아 참자아로서 말한다.

이 방법의 장점은 접근하여 각 부분과 동일시하기가 쉽다는 것이다. 각 부분은 정말로 생동감이 넘치고 당신은 그 부분의 감정과 신념을 이해하게 된다. 당신은 부분을 혼동할 가능성이 거의 없다. 당신이 부분들에게 쉽게 접근하지 못하는 경우, 혹은 당신이 무의식 중에 한 부분에서 다른 부분으로 옮겨 가는 경향이 있는 경우에는 이 방법이 특히 도움이 된다. 외부적인 방법은 당신이 부분에 대한 명료함을 유지하도록 도와준다.

외부적인 방법의 단점은 당신이 참자아에게 쉽게 접근하지 못하여, 돌발적인 섞임이 일어날 수 있다는 점이다. 당신이 의식적으로 각 부분과 섞이고 있기 때문에 당신이 그 부분이 되어 있을 때에는 그리 쉽게 참자아 상태가 되지 않는다. 하지만 당신이 내면적으로 대화를 하고 있을 때에는 부분들이 서로 이야기하는 것을 듣는 동안 당신은 참자아 상태에 있게 된다. 따라서 후자는 보다 쉽게 참자아 상태를 유지하며 어느 한 부분과 지나치게 섞이지 않도록 해준다.

내면적인 방법. 내면에 두 부분을 데리고 와 서로 이야기할 수 있게 한다. 이것을 시각화할 수 있다. 예를 들면 방안에 혹은 회의 테이블에 두 부분이 함께 앉아 있는 모습을 그린다. 혹은 당신이 서로 이야기를 할 수 있는 한 장소에 부분들이 있다고 생각한다. 각 부분이 말할 때 그 부분이 어떤 말을 하는지 내면적으로 듣는다.

대화를 촉진시킬 수 있도록 당신은 참자아 상태로 내면에 있어야 한다. 그러나 내면에 당신의 이미지가 보이지 않도록 하라. 앞서 언급하였듯이 어떤 이미지라도 보인다면 그것은 참자아가 아니다. 공간에 참자아가 보이는 것이 아니라 그 공간에 참자아로서 당신 자신의 존재를 느끼도록 하라.

이런 내면적인 방법의 장점은 당신이 강한 참자아 상태로 있기가 보다 용이하다는 것이다. 당신은 또한 큰 소리로 말할 필요가 없고 이 의자 저 의자로 옮겨 다닐 필요가 없다. 후자는 때로 주의력을 산만하게 만든다.

혼합. 위에서와 같이 내면적인 대화를 머릿속에 그린다. 그러나 각 부분이 내면에서 말하는 동안 당신은 물리적으로 해당되는 의자에 앉는다. 이렇게 하면 당신은 각 부분을 좀 더 명확하게 접근할 수 있고 구별할 수 있게 된다. 외부적인 작업과 내면적인 작업을 혼합시키는 데는 다양한 방법이 있다. 따라서 자유롭게 당신의 창의력을 사용하여 당신에게 맞는 방법을 디자인하라.

한쪽에 하나 이상의 부분이 있는 경우. 양극화 한쪽에 혹은 양쪽에 하나 이상의 부분이 있을 수도 있다. 이 경우에는 각 한쪽을 대변하는 부분을 찾아내도록 한다. 그러나 그 부분이 대변하지 못하는 듯한 부분이 있어서 이 방법이 효과가 없으면 후자의 부분도 대화에 참여시키라.

대화 시작하기

둘 중의 어느 한 부분이 상대 부분에게 말을 걸어 대화를 시작할 수 있다. 종종 한 부분이 먼저 당신에게 말을 걸고 싶어 할 수도 있으나 그런 경우에는 상대 부분에게 말하도록 유도한다. 처음에 부분들은 아마도 자신들의 기존 입장을 진술하고 서로 논쟁을 할 것이다. 괜찮다. 이런 것은 양극화와 각 부분이 상대 부분에게 어떻게 반응하고 대응하는지를 분명히 이해할 수 있도록 해 준다. 만약 부분들이 불꽃 튀는 논쟁으로 옮겨 가기 시작한다면 그들에게 침착하게 서로의 이야기를 들으라고 요청하라.

부분들이 서로 공격하지 못하게 하라. 그렇게 놓아두면 진짜 대화가 전개될 수 없다. 더욱이 당신은 그들에게 공격하지 못하게 하겠다고 약속하지 않았는가? 따라서 그 약속을 끝까지 이행하라. 만약 한 부분이 상대 부분을 공격하기 시작한다면 대화의 목표가 부분들이 함께 작업하는 법을 배우는 데 있음을 상기시키라.

때때로 당신은 놀랍게도 부분들이 이미 참된 대화로 옮겨 가고 있다는 사실을 발견할 수도 있다. 예비작업을 통해 당신이 이미 각 부분과 연결하고 신뢰를 발전시켰기 때문에 그들은 협력할 준비가 되어 있을 가능성이 있다. 게다가 각 부분은 상대 부분의 긍정적인 의도뿐만 아니라 그 부분이 상처 입기 쉬운 추방자를 보호하고 있다는 사실을 알았을 것이다. 이 같은 정보는 흔히 서로를 향한 자신들의 입장을 누그러뜨리게 만든다.

둘 다 동일한 추방자를 보호하려 애쓰고 있다는 사실을 깨달으면 부분들은 특히 협력할 가능성이 있다. 이 양극화 작업 전에는 그들이 이것을 알지 못했을 것이다. 그러나 일단 알게 되면 비록 그들이 추방자를 보호하기 위해 반대되는 전략을 사용하고 있을지라도 서로 연결된 느낌을 받게 된다.

8단계 : 참된 대화 촉진시키기

일단 양극화된 각 부분이 자신의 입장을 분명히 진술하고 두 번 정도 대화가 오갔다면 그들 간에 실질적인 대화가 이루어질 수 있도록 촉진시키기 시작하라. 이것은 사람들 사이의 중재 및 갈등 해소와 유사한 양극화 작업의 8단계이다. 논쟁을 대화로 옮겨 가도록 하는 데는 다양한 방법이 있다. 어느 한 부분이 대화로 옮겨 가기를 거부하는 경우 부분들을 제거하는 것은 불가능하므로 상대 부분을 없애거나 극복하기를 기대할 수는 없음을 상기시키라. 그러므로 대화와 협력은 반드시 가야 할 길이다.

대화를 촉진시키는 방법을 아래에 열거하였다.

긍정적인 의도 설명하기

각 부분이 자신의 긍정적인 의도를 설명하고, 보호하려고 애쓰는 추방자(들)가 어떤 것인지 이야기한다. 이렇게 하는 것은 상대 부분으로 하여금 덜 적대적이 되도록 만들어 준다. 때로는 대화의 초기 단계에서 부분들이 자발적으로 자신들의 긍정적인 의도를 설명하기도 한다. 그러나 그렇게 하지 않는다면 그렇게 하라고 요청하라. 이렇게 함으로써 대화가 단순히 입장 표명 이상이 되도록 한다.

예를 들면 산드라의 가족 부분은 그녀가 가족모임에 가야 한다고 주장하지만, 그녀의 안전 부분은 단호하게 가지 말라고 한다. 가족 부분은 착한 사람은 자기 가족과 연락하고 지내야 한다고 주장한다. 산드라는 가족 부분에게 그녀를 위해 어떤 도움을 주려고 하는지 상대 부분(안전 부분)에게 이야기해 주라고 한다. 가족 부분은 그녀가 가족들 특히 언니에게 사랑 받고, 환영 받게 되기를 원한다고 말한다. 산드라는 또한 가족 부분에게 그가 보호하고 있는 추방자를 상대 부분에게 보여주라고 한다. 가족 부분은 가족에게서 거절당한 추방자를 보여준다.

부분이 자신의 이야기를 들어주고 있다는 느낌을 받을 수 있도록 당신은 각 부분의 의도를 긍정적인 언어로 재해석해 준다. 이것으로 상대 부분은 이 부분의 선의를 이해할 수 있게 된다. 이를테면 산드라는 가족 부분에게 다음과 같이 이야기해 줄 수 있다. "아, 알겠어요. 당신은 정말로 내가 가족들로부터 환영 받고 사랑 받기를 원하는군요."

상대 부분의 염려 사항에 귀 기울이기

대화가 진행되는 어떤 시점에선가 부분 A에게 부분 B가 어떤 이야기를 하고 있는지 귀를 기울여 보고 나서 대답하라고 하라. 당신은 심지어 부분 A에게 부분 B가 이야기한 바를 다른 말로 표현하면서 인정해 보라고 하라. 그리고 나서 부분 A에게 부분 B의 염려 사항을 고려하면서 대답해 보라고 하라. 만약 부분 A가 부분 B의 염려 사항을 이해하지 못한다면 당신이 부분 B의 관점을 설명하도록 한다. 부분 A가 정말로 부분 B의 입장을 듣고 고려하였는지 반드시 확인하라. 부분 A가 부분 B의 의견에 동의할 필요는 없다. 단지 귀를 기울이고 그에 따라 반응하면 된다. 부분 A가 부분 B의 염려 사항을 고려하면서 반응해 보라고 하라. 부분 A는 부분 B의 염려 사항에 동의를 할 수도 있고 논쟁을 할 수도 있다. 그러나 그것들을 무시해서는 안 된다.

산드라의 안전 부분이 그녀가 조롱을 당할까 봐 두려워서 가족모임에 참석하는 것이 안전하지 않다고 이야기할 때는, 가족 부분에게 그 두려움에 정말로 귀를 기울여 보라고 하라. 가족 부분은 "당신(안전 부분)이 조롱당할 것을 두려워하고 있다는 것을 이해합니다. 그러나 그런 일이 일어날 것으로 생각지는 않습니다. 내 생각에는 당신 가족과 연락을 유지하는 것이 중요하기 때문에 위험을 무릅쓰고라도 가볼 만합니다."라고 대답할 수 있다. 여기서 가족 부분은 여전히 자신의 입장을 변호하고는 있지만 안전 부분의 염려 사항에 반응하고 있다.

그리고 나서 부분 B에게 동일하게 해보라고—A 부분의 염려 사항에 정말로 귀를 기울이고 그에 따라 반응해 보라고—한다. 이렇게 함으로써 진짜 대화가 시작된다. 이것은 두 부분이 정말로 서로에게 귀를 기울이고 있음을 의미한다. 당신은 각 부분의 건강한 측면 혹은 각 부분 안에 있는 참자아에 접근하기 시작하고 있는 것이다.(IFS는 각 부분이 그 안에 참자아를 가지고 있음을 인정한다. 당신이 이 대화에서 끌어내려는 것이 바로 이것이다.)

만약 부분 A가 부분 B의 어떤 염려 사항을 정말로 이해하지 못한다면 놓친 그 염려 사항을 당신이 분명히 진술해 주도록 한다(다음에 나오는 축어록에 예시할 것이다). 부분 B가 불편하게 생각하는 중요한 측면을 부분 A가 무시하고 있다. 따라서 부분 B가 자기 이야기를 들어주고 있다고 생각하지 않기 때문에 여전히 극단적인 방법으로 논쟁하고 있음을 볼 수 있다. 예를 들면 자넷에게는 탐닉자 부분이 그녀를 비만 합병증으로 죽게 만든다고 염려하는 내면 통제자 부분이 있었다. 탐닉자 부분은 단지 내면 통제자가 자신의 건강에 대해 염려하고 있다고만 알고 있었다. (참자아 상태의) 자넷은 탐닉자에 대한 내면 통제자의 좀 더 극단적인 두려움을 지적하여 그 두려움을 다룰 수 있었다.

공통성 지적하기

두 부분이 공통적으로 가지고 있는 점을 지적함으로써 협력을 도모할 수 있다. 만약 그들이 동일한 추방자를 보호하고 있다는 사실을 발견하면 그들에게 이 점을 분명히 인식시켜 준다. 이것으로 그들은 서로 연결되어 있다는 느낌을 갖게 된다.

또 다른 공통성은 두 부분이 서로 상대의 목표에 동의하는 경우이다. 앤의 양극화에서 삶의 목적 부분은 앤이 세상에 공헌하기를 원했지만, 양 부분은 그녀가 자기 자신과 관계를 갖는 데 좀 더 많은 시간을 보내기를 원했다. 그들이 이 목표에 관해 서로 이야기를 나누자 그들은 각각 상대 부분의 목표에 동의할 수 있었다. 그들은 서로 다른 우선순위를 지니고 있었기에 이것으로 갈등을 해소시키는 데까지는 이르지 못했으나 서로를 더 신뢰할 수 있는 기회는 마련하였다.

협력의 가치 가르치기

부분들이 서로 협력하는 법을 배운다면 당신을 위해 바라는 바를 얻을 수 있는 최고의 기회라는 사실을 그들에게 설명하라. 그들은 협력이 가능한지, 바람직한지를 이해하지 못할 수도 있다. 각 부분은 통상적으로 자신의 목표를 성취하는 방법이 상대 부분을 이기는 것밖에 없다고 생각한다. 그래서 당신을 위해 최선이라고 생각하는 바를 얻는 최선의 방법이 협력임을 그들에게 설명한다면, 그들은 마음 문을 열고 진짜 대화를 시작할 수 있을 것이다.

부분들의 대화를 중재하거나 대화를 촉진할 수 있는 제안을 해 줄 필요가 있다. 내담자는 내면의 싸움에 지나치게 몰입되어 있을 수도 있고, 대화로 향해 나아가는 법을 모를 수도 있다.

대화를 촉진시킴에 있어 참자아와의 관계

당신이 참자아 상태에 있는 것이 협력을 향해 나아갈 수 있도록 도와준다. 단지 당신의 제안만이 아니라 당신이 어떤 품성을 가지고 있는가, 당신이 두 부분에 대해 마음이 열려 있는가도 영향을 준다.

각 부분이 당신을 신뢰하는 것이 매우 중요하다. 만약 한 부분이 논쟁을 거쳐 대화로 나아가기를 내켜 하지 않는다면 이것은 그 부분이 당신을 충분히 신뢰하지 않는다는 표시가 될 수 있다. 그러면 되돌아가 그 부분과 신뢰관계에 대한 작업을 좀 더 하도록 한다.

당신은 두 부분이 서로 협력하기 시작하는 것을 목표로 하고 있는 중이다. 요점은 그들이 각각 당신을 위하여 무언가 긍정적인 것을 원하지만 서로 교착 상태에 있다는 것이다. 둘 중 어느 부분도 상대 부분을 제거하지 못한다. 비록 두 부분이 처음에는 깨닫지 못했을지라도, 지금쯤에는 협력하는 법을 배우는 것이 당신뿐만 아니라 자신들에게도 궁극적인 이익이라는 사실을 깨달아야 한다. 사실 일반적으로 두 부분이 협력하면 그들이 원하는 모든 것 혹은 대부분을 얻을 수 있다.

그동안 거쳐 온 예비작업 — 참자아에 접근하기, 각 부분 알아가기, 신뢰관계 발전시키기 — 때문에 부분들이 정말로 서로에게 귀를 기울이도록 설득할 수 있는 좋은 기회인 것이다. 그들이 이제는 더 큰, 돌보는 힘, 참자아가 곁에 있다는 것을 깨닫고 있기 때문에 각 부분은 안전감을 느끼고 있다. 그들은 (참자아인) 당신과 연결되었고 당신이 그들을 존중하고 그들의 염려 사항을 진지하게 받아들이고 있다는 사실을 알고 있다.

9단계 : 갈등 해소를 위해 협상하기

갈등 해소에는 두 가지 서로 다른 형태가 있다. 종종 두 부분은 특정 상황에서 어떤 행동을 취할지에 관해 의견을 달리한다. 무엇을 할 것인가, 혹은 그 상황을 어떻게 다룰 것인가를 결정하는 것이 갈등 해소의 한 유형이다. 그러나 두 부분이 서로를 이해하고 서로 협력하는 법을 배우는 것이 훨씬 중요한 갈등 해소 방법이다. 이것은 부분들이 미래 결정이나 갈등을 어떻게 다루는가에 영향을 주고 협력의 정신이 다른 부분들에게도 확산되기 때문에 매우 큰 영향력을 끼친다.

프로세스의 어느 단계에서도 이 두 가지 유형 중의 하나는 일어날수 있다. 때로는 참자아 입장에서 두 부분을 알아가는 것만으로도 갈등 해소를 가져온다. 때로는 갈등 해소가 대화의 시작 단계에서 나타나기도 한다.

만약 대화가 여기까지 진행되었음에도 여전히 해결이 이루어지지 않고 있다면, 해결을 도모하기 위해 참자아로서의 당신이 나설 수 있

다. 당신이 대화를 외부적으로 하고 있다면 참자아를 나타내는 제3의
의자로 옮겨 앉으라. 당신이 내면적으로 하고 있다면 참자아 입장에
서 이야기하라.

　기회가 된다면 각 부분에게 상대 부분의 염려 사항과 필요를 고려
한 해법을 제안해 보라고 하라. 만약 이렇게 해도 갈등 해소가 이루어
지지 않으면 참자아 입장에서 해법을 제안한다. 당신이 대화를 관찰
한 후에 때로는 두 부분이 모두 합의에 이를 만한 참자아로부터의 갈
등 해소 방안이 나오기도 한다. 그러나 당신의 해법에 애착을 갖지 마
라. 그것은 협상 프로세스의 첫 단계에 불과하다.

치료사 노트

만약 내담자 갈등이 해소될 것 같지 않다고 생각되면 당신이 제안할 수
도 있다. 때로는 내담자보다 당신이 갈등에 대해 더 나은 관점이 있을
수 있다. 당신이 이 관점을 제공할 수도 있고 당신이 생각하는 해법을
제공할 수도 있다. 그러나 당신은 종종 이야기 전반을 알지 못하기 때문
에 당신이 제안한 해법이 적어도 원래 제시한 형태로는 내담자의 상황에
완전히 맞지 않을 가능성도 있음을 기억하라.

　부분들이 둘 다 당신의 해법에 동의하는지 보라. 비록 그들이 즉각
적으로 동의하지 않을지라도 이것이 대화를 유익한 방향으로 흘러가
도록 만들어 줄 수는 있다. 만약 둘 중의 한 부분이 동의하지 않는다
면 그 부분의 염려 사항이 무엇인지 물어보고 염려 사항이 고려될 수
있도록 해법을 바꾸어 보라. 그렇지 않으면 그 부분에게 변경된 해법

을 제안해 보라고 하라.

또 다른 가능성은 제시된 해법에 동의하기 위해서는 그 부분이 어떤 것을 필요로 하는가 물어보는 것이다. 아마도 그 부분이 중요하다고 믿는 것을 얻을 수 있다면 그 부분도 동의할 것이다. 예를 들면 산드라의 안전 부분은 산드라가 사촌의 불쾌하고 모욕적인 언사를 다루는 방법에 대해 먼저 언니 오빠와 이야기할 용의가 있다면, 가족모임 참석에 동의하겠다고 하였다.

두 부분이 받아들일 만한 해법에 도달할 때까지 계속해서 협상을 진행하라. 각 부분이 가능한 해법을 생각해 보고 자신의 염려 사항들을 논의하기 위해서는 때로는 상당한 시간이 걸릴 수 있다. 때로는 어느 한 부분이 지금까지 고려한 적이 없었던 새롭고 창의적인 아이디어를 제안할 수도 있다. 이것은 협력대화를 통해서 얻을 수 있는 이점 중의 하나다. 협력대화는 각 부분이 가진 긍정적 품성과 창의성에 접근할 수 있게 해 준다.

부분들이 각자가 제안한 해법에 대해 협상할 때 당신이 대화를 계속 이어갈 수 있다면 두 부분 모두에게는 물론 당신에게도 효과를 가져다줄 수 있는 해법에 도달할 가능성이 매우 높다. 어쨌거나 그들은 둘 다 당신을 위한 최선책을 바라고 있다. 따라서 그들이 참자아의 안내하에 전적으로 협력하고 있을 때는 해법이 생길 수밖에 없다. 대화가 진행되는 동안 한 부분이 자신이 보호하고 있는 추방자를 보여줄 수도 있다. 이 경우 이 추방자가 치유되어야 양극화가 해소된다는 사실이 분명해진다.

양극화 해소 프로세스

양극화 작업의 전 과정은 종종 여러 회기를 거쳐 이루어진다. 당신이 대화를 시작할 수 있기 전에 양극화된 각 부분을 따로따로 알아가야 하는데, 그 자체로서 한두 회기가 필요하다. 그러고 나서 대화는 여러 고비를 통과하게 된다. 그 밖에 어떤 일이 일어나는지 보기 위해 제안된 해법을 당신 삶에 적용해 볼 필요가 있다. 이것은 종종 앞으로의 회기에서 다루어야 할 미해결 과제가 수면 위로 드러나게 한다. 이 프로세스에서는 바로 전 회기에서 끝냈던 시점에서 이 작업을 재개함으로써 새로운 회기를 시작하는 것이 좋다.

만약 특정 회기에서 두 부분이 갈등 해소에 이를 준비가 되지 않았다면 두 부분 모두가 수용할 수 있는 협력을 향해 서로 한 발자국 다가가기로 합의해 보라고 하라. 그리고 다음 회기에 여기서 더 나아가면 된다.

다루기 힘든 부분은 현재의 작동 방식으로는 효과가 없다는 사실을 깨닫게 하는 것이 중요하다. 그 부분은 반대되는 부분과 협력할 준비가 되지 않았을 수도 있다. 그러나 다른 부분과 현재 싸우는 방식이 원하는 결과를 얻고 있지 못하다는 사실을 깨달으면 자신의 강고한 입장을 다시 생각해 볼 수 있게 된다. 그러면 좀 더 마음 문을 열고 앞으로의 회기에서 협력할 수 있을 것이다.

이 장 말미에 양극화 작업을 위한 IFS 순서의 모든 단계를 요약한 조견표가 있다. 이 조견표를 사용하여 회기의 안내를 받으라.

앤의 양극화 해소 대화

다음의 축어록은 앞에서 나왔던 앤과의 양극화 회기 후속편으로 양극화 프로세스의 5~9단계를 보여주고 있다. 이 축어록은 부분들이 어떻게 서로 협력 모드로 들어갈 수 있는지, 그리고 양극화 해소를 촉진하기 위해 추방자를 치유하는 것이 왜 중요한지를 보여주고 있다.

제이 : 양 부분이 삶의 목적 부분과 대화할 용의가 있는지 보세요.

앤　 : (웃는다.) 내가 양 부분의 손을 붙잡고 있다면 그러겠다고 하네요. 양 부분은 꼭 나와 계속 붙어 있고 싶어 해요. 혼자 있고 싶어 하지 않아요.

제이 : 당신은 그래도 괜찮습니까?

앤　 : 네, 좋습니다.

손을 잡는다는 것은 앤이 이미 각 부분과 관계를 맺고 신뢰관계를 발전시키는 귀한 작업을 하였다는 표시이다.

제이 : 삶의 목적 부분이 양 부분과 대화할 용의가 있는지 체크해 보세요.

앤　 : 삶의 목적 부분이 나의 다른 손도 붙잡고 싶어 하네요. (웃음) "만약 내가 나머지 손을 붙잡지 못하더라도 상대 부분이 붙잡도록 놓아두지 않을 거야. 우리는 공평해야 돼."라고 하는 것 같아요.

제이 : 만약 그들이 각각 당신 손을 붙잡고 있으면 서로 이야기할 수 있는 공간에 함께 있는 것으로 보입니다.

그들이 이미 내면적으로 접촉하고 있으므로 굳이 외부적 대화를 택할 것이냐 내면적 대화를 택할 것이냐를 물어보지 않는다.

앤　 : 네. 서로 우스꽝스럽게 찡그린 얼굴로 마주보고 앉아 있네요.

제이 : 서로 이야기를 시작해 보라고 하세요. 둘 중의 어느 누구라도 시작할 수 있습니다. 그들이 실제로 무슨 이야기를 하고 있는지 이야기해 주세요.

앤　 : 네. 양 부분이 삶의 목적 부분에게 이렇게 이야기하고 있네요. "너는 너무 서두르고 있어. 좀 천천히 하자. 기어다닐 준비도 되지 않았는데, 걷게 하려고 애쓰는 격이야."
삶의 목적 부분은 이렇게 이야기하고 있어요. "여태껏 기다렸잖아! 도대체 얼마나 더 기다려야 돼?" 또 "앤이 영원히 중계 방송할 것도 아니잖아. 따라서 언젠가 우리는 시작해야 해."

제이 : 좋습니다. 대화를 계속하십시오. 그리고 그들이 뭐라고 이야기하고 있는지 이야기해 주세요.

앤　 : 양 부분이 이렇게 이야기하네요. "당신이 품고 있는 앤에 대한 바람을 그녀가 받아들이기엔 앤이 너무 유약해서 깨질 것 같아." 이것으로 양 부분이 나를 추방자로 혼동하고 있다는 것을 알 수 있어요. 즉, 내가 성인이고 정말로 이제는 역량이 있다는 사실을 양 부분이 이해하지 못한다는 이야기지요.

한 부분이 화자를 다른 부분과 혼동하는 경우가 종종 있다. 때로는 이 경우처럼 보호자가 화자를 추방자로 보기도 하며, 어떨 때는 양극화된 부분이 화자를 상대 부분으로 보기도 한다.

제이 : 그 이야기를 양 부분에게 해주고 어떻게 반응하는지 보십시오.
앤　 : 양 부분이 내 안에 추방자가 있는데 언제라도 자극을 받아 흥분할 수 있다고 하네요. 내가 진짜 추방자는 아니고, 추방자가 밑에 감춰져 있다는 사실을 양 부분이 알고 있답니다.
제이 : 그렇다면 양 부분이 여전히 그녀를 보호할 필요가 있겠군요.
앤　 : 네.

이것은 진정한 대화로 향하는 중요한 단계다. 어떤 부분이 자신이 보호하고 있는 추방자를 보여줄 때는 상대 부분이 부드러워지는 경향을 보인다. 왜냐하면 첫 번째 부분이 단순히 나쁜 것이 아니라 당신을 고통으로부터 보호하려고 애쓰고 있다는 것을 상대 부분이 깨닫기 때문이다. 이 같은 깨달음이 상대 부분으로 하여금 더욱 마음 문을 열고 첫 번째 부분을 받아들이도록 만든다.

제이 : 삶의 목적 부분에게 양 부분이 이야기하고 있는 바를 잠깐 시간을 내어 받아들이라고 하세요. 동의할 필요는 없고 그냥 받아들이라고 하세요.

논쟁이 아니라 대화의 방향으로 옮겨 가게 하기 위해서 이렇게 한다.

앤 : 좋습니다. 그렇게 했어요.

제이 : 양 부분의 염려 사항을 고려하면서 삶의 목적 부분이 반응하도록 하세요.

앤 : 삶의 목적 부분은 실제로 추방자에 대해 염려했었어요. "어, 여기 있는 누군가가 큰 고통에 빠져 있군." 더 이상 이 두 부분에 대한 것이 아니라 고통 상태에 있는 작은 소녀에 대한 염려라는군요. 삶의 목적 부분은 작은 소녀에게 상처를 주는 어떤 것도 하고 싶지 않대요.

정말로 흥미롭네요. 방금 작은 소녀가 이 원으로 들어오는 것이 보였어요. 양손에 두 부분을 붙잡고 원 안에 앉았어요. 이제 우리는 넷이에요. 작은 소녀는 웅크리고 고개를 숙이고 있으나 이제는 자신이 원의 일부가 된 것을 중요하게 여기고 있어요.

두 보호자가 그녀를 돕고 싶다고 하네요. 마음 씀씀이가 정말 예쁘네요. (웃음) 양 부분은 자신의 뿔을 벗어 작은 소녀에게 씌워 주면서 "작은 할로윈 복장을 입어 보고 싶니?"라고 물어보는군요.

작은 소녀는 웃다가 곧 이렇게 이야기하고 있어요. "내가 쓰기에는 너무 무거워!" 그래도 양 부분이 화를 내지 않고 더 이상 가혹하게 대하지도 않아요.

이것은 매우 큰 변화다. 부분들이 정말로 대화하고 있으며 협력을 시작하고 있다.

제이 : 작은 소녀와의 치유 작업이 문제해결의 중요한 부분임은 분명

합니다. 그러나 이 대화를 계속해 나갑시다. 그리고 당신이 하고 싶어 하는 삶의 목적 프로젝트의 내용을 결정함에 있어서 이 두 부분이 어느 정도 의견을 좁힐 수 있는지 봅시다.

앤 : 그들이 더 이상 반대 입장에 있는 것 같지는 않아요. 추방자는 많은 도움이 필요하다는 것과 그때까지는 무슨 일도 일어나지 않아야 한다는 것에는 합의가 이루어진 것 같습니다. 오늘 꼭 도움을 주어야 한다는 이야기는 아닙니다. 시간이 거의 다 된 것 같으니까요. 그렇지만 삶의 목적 부분은 나의 목표를 그냥 밀어 부치기만 하는 것이 아니라 추방자의 돌봄이라는 의제를 가지고 논의를 시작했습니다. 양 부분은 이 점을 매우 기쁘게 여기고 있어요.

제이 : 양 부분에게 이렇게 물어보세요. "만약 우리가 작은 소녀의 고통과 두려움을 치유하여 안전감을 가져다줄 수만 있다면 당신(양 부분)이 나를 사람들과 어울리지 못하게 할 필요가 있을까요?

앤 : 그렇게 될 수만 있다면 천만다행일 거라고 하네요. 그 부분은 정말로 자신의 역할에 지쳐 있고 다른 사람들이 자신을 나쁘다고 하는 소리가 지긋지긋하대요. 작은 소녀가 정말로 안전한 상태면 잠깐 쉬는 것도 좋겠다고 합니다.

제이 : 좋습니다. 삶의 목적 부분은 어떤 생각이 든다고 합니까?

앤 : 때가 되었다고 하네요. 작은 소녀가 치유되었을 때는 자신(삶의 목적 부분)이 장악하여 나를 세상에 내보내 변화를 가져오게 할 준비가 된 거라고 하네요.

제이 : 오늘은 여기까지 하는 것이 좋겠습니다.

두 부분이 이제 충분히 협력하고 있다. 다음에 해야 할 일은 작은 소녀를 치유하는 것이다. 이것은 표준 IFS 절차를 따르면 된다. 이번 회기는 양극화를 해소하는 두 측면(추방자 치유와 양극화 해소 대화)과 그들이 어떻게 협력할 수 있는지를 예시하였다. 양극화된 부분 사이에 협력을 이끌어 내는 것이 보통 이렇게 쉽지만은 않으나 가능은 하다.

연습 : 양극화 해소하기

지금까지 작업해 온 양극화된 두 부분과 계속 진행하라. 그들이 보호하고 있는 추방자를 당신이 추방했든 그렇지 않든 양극화 해소 대화의 장을 만들고 진행하여 가능하면 해소에 이르도록 하라. 조견표를 사용하라.

부분들이 서로 논쟁으로 대화를 시작하였는가? _____

진정한 대화를 촉진시키기 위해 당신은 어떤 일을 하였는가? _____
_____

당신은 어떻게 부분들이 서로 협력하는 법을 배우도록 도왔는가? _____
_____

당신이나 부분이 이 양극화 해소 방안을 제시하였는가? 어떤 방안이었는가?
_____

두 부분이 해소 방안에 동의하기 전에 어떤 협상이 필요했었는가? _____
_____

둘 중의 한 부분이나 추방자에 대해 추가 작업이 필요한가? _____

작업할 필요가 있는 또 다른 부분들을 발견하였는가? _____

_____

갈등을 충분히 해소하기 위해 추가 작업이 필요하다면 그렇게 진행하라. 이를 위해서는 한 회기 이상이 필요하다.

어떤 추가 작업을 하였는가? _____

그것으로 갈등은 해소되었는가? _____

_____

10단계 : 실시간으로 양극화 작업하기

양극화된 두 부분이 어떤 회기에서 합의에 도달한다고 해서 이야기가 끝난 것은 아니다. 합의 사항이 실행에 옮겨져야 한다. 해법이 행동으로 옮겨지는 순간에 어떤 일이 일어날지 모른다. 그럴 경우 추가 작업이 필요할 수 있다.

예를 들면 앤이 양 부분이 보호하고 있던 추방자를 치유한 후에 양 부분은 아마도 자신의 역할을 상당 부분 내려놓을 것이다. 그러면 삶의 목적 부분은 자신의 재능과 은사를 세상에 드러내기 위해서 그녀가 프로젝트에 착수하도록 만들 것이다. 그 결과 아마도 그녀는 과거보다 훨씬 많은 사람들과 접촉하게 될 것이다. 이것은 다시 양 부분을 활성화시킬 수도 있다. 비록 양 부분이 크게는 자신의 역할을 내려놓았다 할지라도 앤의 한 부분이 새롭게 성장하면서 또 다른 위협적인 인간 관계를 맺을 수도 있다. 만약 양 부분이 다시 반응적이 되면 앤은 그 순간 그 부분을 다루어야 할 뿐만 아니라 여러 회기에 걸쳐 양 부분과 IFS 추가 작업을 해야 할 필요가 있을지 모른다.

어떤 회기에서 갈등 해소에 도달한 후에는 실생활에서 언제 양극화 촉발 상황이 등장하는지를 자각하는 것이 중요하다. 그 경우에는 참자아 상태를 유지하는 작업－필요하면 각 부분을 분리시키기－을 해야 한다.

그리고 나서 부분들에게 회기 동안에 어떤 일이 일어났었는지 상기시켜 주라. 그리고 그 부분들에게 이제는 당신이 책임질 수 있도록 해 달라고 요청하라. 이렇게 함으로써 당신이 회기에서 작업했던 해법을 따라 결정을 내리고 행동할 수 있게 된다. 이 같은 행동은 두 부분 모두에게 만족을 가져다줄 뿐만 아니라 당신이 기능하고 있다는 생각에 기분이 좋아질 것이다.

앤이 지역에서 자신의 작품을 알리기 위해 발표를 하거나 워크숍을 주도한다고 가정하자. 이로 인해 양 부분이 활성화되어 그녀로 하여금 멍한 느낌과 함께 사람들을 멀리하게 만들 가능성이 있다. (추방자가 완전히 치유되지 않았거나 이 상황이 양 부분에게 특별히 위험한 것으로 느껴졌을 때 이런 현상이 일어난다.) 이때에는 앤이 어떤 일이 일어나고 있는지 인식하고 자신이 참자아 상태에서 그 상황을 다룰 수 있도록 양 부분에게 비켜서 달라고 요청할 필요가 있다. 이것은 그녀가 마음 문을 열고 만나는 사람들과 관계를 맺게 해줄 것이다. 그리고 작은 소녀가 이제는 치유되었고 안전하며, 강의시간에도 창피당하지 않을 것이라고 양 부분에게 상기시켜 주고 싶을 것이다.

새롭거나 예기치 못했던 상황이 발생하면 양극화된 부분들이 새로이 활성화될 수도 있다. 그럴 때는 하나 혹은 두 부분과 대화를 더 진전시켜 나갈 필요가 있다. 이렇게 실시간 작업이 이루어지는 동안 그 부분들에 대한 새로운 통찰을 얻게 되는데, 이것이 앞으로의 회기에서 작업 안내자의 역할을 하게 된다.

예를 들면 이제 삶의 목적 부분이 자유로워졌기 때문에 앤에게 더욱 열심히 일하며 지금의 전문 경험으로는 해낼 수 없는 프로젝트까지 떠맡으라고 밀어 부치기 시작할 수도 있다. 삶의 목적 부분은 이 작업으로부터 자기 존재 가치를 확인하고자 애쓰고 있기 때문에 도가 지나쳐 이런 식으로 극단적이 된다. 그 결과 양 부분을 활성화시켜 그녀를 억지로 가두어 놓고 사람들 눈에 띄지 않도록 하는 등 다시 양극화가 재현되도록 만든다.

그러면 앤은 이 새로운 문제들을 해결하기 위해 그들로 하여금 서로 대화를 지속하도록 할 필요가 있게 된다. 또한 삶의 목적 부분이 보호하고 있는 추방자와 작업할 필요가 있을 수도 있다. 추방자가 치유되면 삶의 목적 부분이 그녀를 더 이상 밀어 부칠 가능성은 그리 크지 않다. 삶의 목적 부분의 동기는 단순히 그녀의 재능을 세상에 드러내고자 하는 자신의 욕구에서 나오기 때문이다. 따라서 양 부분이 그녀를 가두어 두려 애쓸 가능성은 적어진다.

당신의 행동이 바뀌지 않는다면

양극화가 해소된 것 같은데도 당신의 행동이 바뀌지 않는다면 어떻게 할 것인가? 대화에서 해소에 이르렀거나 추방자의 짐을 내려놓아 보호자가 긴장을 늦춘 것 같아 보인다. 하지만 당신이 우선적으로 작업하였던 문제 행동이 계속해서 문제가 된다고 하자. 그 행동의 근원이 되는 부분(들)에게 다시 접근하여 왜 그런 식으로 계속해서 행동하는가 물어보라. 그 부분의 대답을 통해 다음에 어떤 작업을 해야 할지 알 수 있게 된다.

몇 가지 가능성을 다음에 열거한다.

1. 추방자 하나만 치유하였다. 양극화에서 보호자 하나가 추방자 하나를 보호하고 있다는 사실을 기억하라. 양극화의 반대편에 있는 보호자는 자신의 추방자가 아직 치유되지 않았기 때문에 여전히 극단적으로 행동하고 있을 수 있다.

2. 한 추방자와의 성공적인 작업으로 인하여 이제 관심을 필요로 하는 심층에 자리잡고 있었던 또 다른 추방자가 드러났다.

3. 탐문 중인 보호자가 하나 이상의 추방자를 보호하고 있을 가능성이 있는데 하나만 치유하였다. 예를 들어 캐리가 과식 부분과 음식 관리자 사이에 양극화를 겪고 있다고 하자. 과식 부분이 보호하고 있는 추방자 — 헐벗고 굶주림을 느끼는 부분 — 를 찾고 그 추방자를 치유한다. 그러나 캐리의 과식은 계속된다. 좀 더 탐색하니 원가족이 있는 데서 화를 내는 것은 위험하기 때문에 추방되었던 화난 부분도 과식 부분이 보호하고 있음을 발견한다. 이 분노의 문

제 또한 치유되어야 과식 부분이 기꺼이 중단할 수 있게 된다. 캐리는 아마도 젖병을 물고 자란 굶주린 추방자뿐만 아니라 더 많은 추방자가 과식 부분에 의해 보호를 받고 있을 수도 있다.

4. 양극화의 한 측면에 두 번째 부분이 있을 수 있다. 양극화에는 대립되는 두 측면이 있지만 각각의 측면에 부분이 하나 이상 있을 수 있다. 정말로 양극화된 한 부분(심지어 둘 다)을 변화시켰으나 양극화 한 측면에 아직 파악되지 않은 두 번째 부분이 있을 수 있다. 그 부분을 발견하고 작업할 필요가 있다. 예를 들면 할리는 열심히 일하도록 몰아 부치는 작업 감독자와 실패를 두려워하기 때문에 꼭 해야 하는 과제를 회피하고 있는 뒤로 미루는 자 사이의 양극화를 겪고 있었음을 기억하라. 당신은 이 두 부분과 성공적으로 작업을 한다. 그럼에도 할리는 계속해서 중요한 과제를 회피한다. 그러자 할리는 자신에게 지배적인 아버지의 작업 감독자에 의해 지배당하고 싶어 하지 않는 반항자가 있음을 발견한다. 반항자는 분명히 뒤로 미루는 자와 양극화의 같은 편에 있다. 왜냐하면 그들이 서로 연합하고 있기 때문이다. 할리는 반항자와 작업하여 성공에 이르는 갈등 해소법에 동의하도록 만들어야 한다.

5. 원래의 양극화는 정말로 해소가 되었으나 그로 인하여 다른 부분이 위협을 느낄 수 있다. 이 부분이 해소된 상황을 음해하게 된다. 그 부분이 양극화 해소에 뒤따르는 변화에 편안해하도록 그 부분을 찾아내 작업할 필요가 있다.

예를 들면 할리가 뒤로 미루는 문제를 해소하고 많은 과제를 완료하여 상당히 성공하기 시작하고 있다고 가정하자. 이 변화는 성공을 두려워하는 부분을 활성화시킬 수도 있다. 이 부분은 할리가 성공을 하지 못하도록 하기 위해 바로 전에 있었던 치유와 양극화 해소를 음해하려 애쓸 것이다. 할리는 이 부분을 찾아내어 그 부분이 갖고 있는 두려움의 짐을 내려놓도록 도와주어야 한다.

인간의 정신 세계는 매우 복잡하다. IFS 순서를 따르고 짐을 내려놓으며 부분들을 변화시켰다고 해서 당신의 행동이 즉각적으로 변화되리라고 가정하지 마라. 여러 부분이 한 가지 행동을 결정할 수 있다. 당신이 원하는 외적인 변화가 일어나고 있지 않으면 그 이유가 무엇인지 발견할 때까지 내면을 탐색하라. 그리고는 모든 것이 치유되고 변화되며 양극화가 해소될 때까지 발견한 부분들과 작업하라.

6. 당신의 외적 상황에서 양극화 해소를 힘들게 만드는 어떤 새로운 변화가 일어났을 수도 있다. 예를 들면 직장에서 대단히 통제적이거나 반응적인 상사가 새로 부임하였을 수도 있다. 혹은 과거 어느 때보다 쉽게 상처받게 만드는 새로운 인간 관계가 형성되었을 수도 있다. 혹은 당신의 옛 애인이 당신을 해치겠다고 위협하고 있을 수도 있다. 외적인 변화는 올라오는 두려움이 무엇이든지 그 문제를 해결하기 위해서 당신으로 하여금 심층 내면작업을 하도록 만든다. 아니면 외적 상황을 바꾸거나 떠나야 할 필요가 있을 수도 있다.

IFS 회기에서 이미 해소된 양극화를 택하라. 전에 갈등이 발생했던 상황에서 실시간으로 진행하라. 반드시 당신이 참자아 상태에서 이끌며 그 상황에서 해소에 이르도록 하라.

실시간 상황에서 어떤 일이 일어났는가? _____

_____

부분들에게 해법을 상기시키기 위해 어떻게 하였는가? _____

_____

해소에 이르기 위해 추가로 어떤 것을 할 필요가 있었는가? _____

_____

그 상황에서 원하는 건전한 방식으로 양극화를 해소할 수 있었는가? __

_____

그렇지 못했다면 양극화를 해소하기 위해 추가로 어떤 것을 할 필요가 있는가? _____

_____

● **양극화 조견표**

이 조견표는 양극화된 부분에 대한 회기 진행이나 훈련 파트너 및 내담자 촉진을 위한 안내문으로 사용할 수 있다.

1. 양극화된 부분을 인지하고 파악한다.
2. 참자아에 접근하기 위해 각 부분을 분리시킨다.
   a. 두 부분을 동시에 의식 가운데 붙들어 놓는다.
   b. 상대 부분을 알아가기 위해 각 부분에게 비켜서 달라고 요청한다.
   c. 참자아 상태의 당신도 그 부분을 알아가겠으며, 상대 부분이 장악하지 못하도록 하겠다고 각 부분에게 확신을 심어 준다.

3. 각 부분의 역할, 긍정적인 의도 및 상대 부분과의 갈등을 알아간다.

   a. 모든 염려하는 부분을 분리시킨다.

   b. 그 부분이 당신을 위해 하려고 애쓰는 것이 무엇인지 알아본다.

   c. 그 부분이 양극화된 부분을 향하여 어떤 느낌을 갖고 있는지 알아본다.

   d. 그 부분이 양극화된 부분을 어떻게 대응하는지 알아본다.

4. 각 부분과 신뢰관계를 발전시킨다.

5. 추방자와 작업할지 양극화 해소 대화를 시작할지를 결정한다.

6. 당신의 안내하에 상대 부분과 양극화 해소 대화를 하겠다는 허락을 각 부분으로부터 받는다.

   a. 당신이 상대 부분이 장악하거나 공격을 허용하지 않겠다고 각 부분에게 확신을 심어 준다.

7. 양극화 해소 대화를 시작한다.

   a. 내면적으로 할 것인지 외부적으로 할 것인지 결정한다.

   b. 각 부분이 자신의 입장을 진술하고 상대 부분에 반응한다.

   c. 입장과 갈등이 해소될 때까지 계속한다.

8. 참된 대화와 해결을 촉진시킨다.

   a. 각 부분은 자신의 긍정적인 의도와 자신이 보호하고 있는 추방자를 밝힌다.

   b. 각 부분은 상대방의 염려와 두려움에 귀를 기울이고 그에 따라 반응한다.

   c. 당신은 부분들 간의 공통성을 지적한다.

   d. 당신은 부분들에게 협력의 가치에 대해 가르친다.

9. 협상하여 해결한다.

   a. 한 부분이나 참자아(혹은 치료사)가 해결방안을 제안한다.

   b. 각 부분은 해결에 이르기 위한 염려 사항과 제안 사항을 꺼내 놓는다.

   c. 부분들은 양측이 합의할 수 있는 해결방안이 나올 때까지 서로 협상한다.

10. 실시간으로 부분들과 작업한다.

    a. 참자아에 접근한다.

    b. 부분들에게 회기 중에 도출된 합의 사항을 상기시키고 당신이 참자아 상태에서 이끌어 갈 수 있도록 해 달라고 요청한다.

    c. 당신이 해결을 실행에 옮긴다.

지금까지 두 장을 통해 양극화를 인지하는 방법과 표준 IFS 프로세스로는 쉽지 않은 양극화 해소 방법을 설명하였다. 좀 더 자세한 것은 내면갈등 해결하기(*Resolving Inner Conflict*)를 보라. 저자는 개인 성장과 심리치유를 위해 온라인 도구 Self-Therapy Journey[4]를 개발하였다. 여기에 양극화 해소를 위한 안내 명상이 들어 있다.

---

4 www.selftherapyjourney.com

제6장

당신 역량에 대한
과거 기억으로부터 벗어나기

과거 기억으로부터 벗어나기는 표준 IFS 기법이다. 우리의 보호자들은 과거에 갇혀 있다. 그들은 우리가 상처받기 쉬운 작은 아이들이며 문제 상황을 다루는 데 필요한 내적 외적 자원이 거의 없다고 믿고 있다. 이것은 우리 모두의 어릴 적 모습이다. 달리 말하면 보호자는 어리고 상처받기 쉬운 추방자를 보호하고 있으며 당신은 추방자라고 생각하고 있다. 당신에게는 어렸을 적보다 훨씬 많은 자원을 가지고 있는 참자아가 있다는 사실을 보호자는 깨닫지 못하고 있는 것이다.

당신은 보호자에게 이렇게 물어볼 수 있다. "당신은 내가 몇 살이라고 생각합니까?" 흔히 보호자는 어릴 적 나이를 댈 것이다. 가령 2살이나 8살이라고. 이것은 추방자에게 물어볼 수 있는 질문과는 다르다는 것에 주의하라. 추방자에게는 이같이 물어본다. "당신은 몇 살입니까?" (물론 보호자에게도 이 같은 질문을 할 수 있으며 보호자도 역시 종종 어린아이 부분일 것이다.) 그러나 과거 기억으로부터 벗어나기 프로세스를 할 준비를 하는 동안에는 보호자에게 당신이 몇 살인 것으로 생각하는가 물어보도록 하라.

과거 기억으로부터 벗어나기 프로세스

일단 보호자가 생각하는 당신의 나이를 알아냈다면 보호자에게 실제 당신 나이를 이야기해 주라. 그러고 나서 보호자에게 당신 삶 가운데 있었던 일련의 장면들 — 자라서 어른이 되고, 일을 해내고, 어려움을 극복하면서 현재 나이에 이르기까지의 장면들 — 을 보여주라. 이렇게 함으로써 보호자는 당신의 현재 역량에 관한 과거 기억으로부터 벗어나게 된다.

당신이 어렸을 때는 상처받기 쉬웠으며 부모의 힘 아래 있었다. 그러나 지금은 자율적이며 당신 자신의 삶을 책임지고 있다. 어릴 적에는 도와줄 수 있는 성숙한 참자아가 없었다. 그래서 당신의 보호자들

은 종종 고통스러운 상황을 그들 혼자서 다루어야 하였다. 하지만 이제는 성인이 되었기에 당신에게는 어려운 상황에서 도와줄 수 있는 능력 있고 통찰력 있는 참자아가 있는 것이다.

게다가 당신은 아마도 성인으로서 어릴 적에 갖지 못했던 많은 힘과 역량을 가지고 있을 것이다. 예를 들면 당신은 아마도 보다 더 마음의 안정과 중심을

유지할 수 있고, 보다 더 적극적이고 대인 관계에서 통찰력을 보이며 재정적으로도 스스로를 부양할 수 있게 되었다. 당신은 아마도 삶에서 많은 것을 성취하고 난관을 극복하였을 것이다. 당신은 스스로를 다룰 수 있는 능력이 훨씬 뛰어난 성인이 된 것이다.

과거 기억으로부터 벗어나기 프로세스의 일부로서 당신은 또한 보호자에게 현재 삶의 처리방식과 필요할 때 당신을 지지해 줄 다양한 사람들을 보여줄 수도 있다. 당신은 아마도 친구와 가족, 배우자나 연인, 당신이 속한 공동체 혹은 의지할 수 있는 지지 그룹을 갖고 있을 수도 있다.

비록 과거에는 참자아에 많이 접근하지 못하였을지라도 아마도 IFS 작업을 통해서 참자아에 접근 가능해지기 시작하였을 것이다. 그러나 보호자는 당신의 참자아가 이제는 도울 준비가 되어 있다는 사실을 깨닫지 못하고 있을 수 있다. 따라서 당신은 그 점을 분명히 해둘 필요가 있다. 참자아 상태의 당신은 이제 보호자와 연결되었기 때문에 보호자는 당신에게 귀를 기울이고 당신의 말을 신뢰할 가능성이 높아졌다.

보호자가 과거 기억으로부터 벗어나기를 경험하였던 한 여성의 예를 들어본다. "나는 그 부분(보호자)에게 고등학교 시절 학생회 활동과 대학 졸업의 장면을 보여주었고 갓난 아기였던 딸을 돌보는 내 모습을 보여주었습니다. 또한 보호자에게 이혼 후 혼자 살며 생계를 꾸려가는 내 모습도 보여주었습니다. 직장에서 정말로 나 자신을 변호했을 때가 기억납니다. 그러고는 보호자에게 현재 나를 지지해 주는 사랑하는 친구들 모임을 보여주었습니다."

당신은 궁금해할지 모른다. "나에게 성인 역량이나 자원이라고 할 만한 것이 그리 많지 않다면?" 당신은 분명히 어릴 적보다 훨씬 많은 능력과 자원을 갖고 있다. 생물학적으로 그리고 인지적으로 발달되었기 때문에 어른이라는 것만으로도 당신은 더 많은 역량을 갖고 있다. 또한 비록 삶이 어떤 면에서는 제한받았을지라도 어릴 적에 발생하였던 심리적 외상들을 모두 겪어 내며 삶을 살아왔다.

당신은 분명히 어릴 적보다 많은 자원을 가지고 있다. 일례로 당신의 사회는 당신에게 성인으로서 더 많은 권리를 부여하고 있다. 어쨌든 추방자가 어릴 적에 짐을 짊어졌던 이유는 짐을 떠안겼던 어려운 상황을 다루고 헤쳐 나가도록 도와줄 수 있는 사람이 당신에게는 아무도 없었다는 사실이다. 당신은 분명히 그때보다 지금 더 많은 지원을 받고 있다. 만약 당신이 자신의 역량이나 자원을 의심한다면 이것은 아마도 작업할 필요가 있는 부분으로부터 오고 있는 것이다.

만약 보호자가 과거 기억으로부터 벗어나는 것에 관심이 없다면 이렇게 이야기하라. "미래 어느 시점에서인가 당신에게 유익이 될 만한 정보가 내게 있다. 그러나 당신은 지금 그것을 듣고 싶어 하지 않는 것 같다." 이것이 보호자의 호기심을 불러일으킬 수도 있다.

과거 기억으로부터 벗어나기의 모든 과정은 보호자가 당신의 현재 나이, 경험, 역량과 자원을 이해하도록 돕기 위한 것이다. 이 정보는 당신이 일어날지 모르는 사건을 다룰 수 없을까 봐 갖는 두려움 때문에 보호자가 치료 프로세스를 방해할 필요는 없다는 사실을 깨닫도록 도와준다.

과거 기억으로부터 벗어나기를 언제 사용하는가

과거 기억으로 벗어나기는 다음과 같은 상황에서 유용하다.

1. 당신이 또 다른 보호자와 작업할 수 있도록 염려하는 부분에게 비켜서 달라고 요청한다(참자아가 이끄는 소인격체 클리닉 제6장을 보라). 그러나 염려하는 부분은 자신이 비켜선다면 보호자가 당신이 다룰 수 없는 파괴적인 행동을 할 것이라고 믿고 있다. 당신은 염려하는 부분으로 하여금 과거 기억으로부터 벗어나게 해 주라. 그러면 그 부분은 비켜서 있으면서 안전한 느낌을 받게 될 것이다.

2. 당신이 추방자와 작업할 수 있도록 허락해 달라고 보호자에게 요청한다(참자아가 이끄는 소인격체 클리닉 제10장을 보라). 그러나 보호자는 만약 자신이 허락해 준다면 추방자에게 당신이 다룰 수 없는 나쁜 일이 일어날 것이라 믿고 있다. 과거 기억으로부터 벗어나기는 어떤 일이 일어날지라도 당신은 다룰 수 있다고 보호자를 확신시켜 준다. 보호자는 또한 만약 자신이 비켜선다면 추방자가 당신의 내면 시스템을 고통과 괴로움으로 뒤덮을까 봐 염려할 수도 있다. 과거 기억으로부터 벗어나기는 보호자에게 당신이 추방자의 고통을 다룰 수 있다는 확신을 주는 데 사용할 수 있다.

3. 당신은 보호자 뒤에 있는 추방자를 치유할 시간이 없다. 그리고 그 보호자가 통상적으로 역기능적으로 행동하는 중요한 상황이

삶에서 다가오고 있다. 당신은 보호자가 당신의 역량에 대한 과거 기억으로부터 벗어나도록 해 주고, 보호자에게 당신이 보다 건강한 방식으로 행동할 수 있도록 당신이 그 상황에서 책임을 지게 해 달라고 요청한다.

4. 당신은 추방자를 치유하였고 보호자와 보호 역할을 내려놓는 것에 대해 이야기하고 있다(참자아가 이끄는 소인격체 클리닉 제15장을 보라). 보호자를 과거 기억으로부터 벗어나게 하는 것은 내려놓아야 할 더 많은 이유를 제공해 주는 것이다.

과거 기억으로부터 벗어나기는 또한 다음 장에서 볼 수 있듯이 참자아 리더십 조기복원 프로세스의 일부로 활용될 수 있다.

연습 : 과거 기억으로부터 벗어나기

작업할 보호자를 택한다. 보호자를 알아가고 신뢰관계를 발전시키기 위해 표준 IFS 단계를 거친다.

보호자가 두려워하여 자신의 역할을 수행하도록 만드는 상황은 어떤 것인가? _____

_____

이제 보호자가 당신의 현재 나이, 상황, 자원 및 역량에 대한 과거 기억으로부터 벗어나게 한다. 그것이 보호자로 하여금 자신의 역할을 내려놓도록 해 주는지 본다. _____

_____

당신은 성장 과정의 어떤 것을 보호자에게 보여주었는가? _____
_____

당신이 경험적으로 완숙한 역량을 가지고 있음을 가리키는 어떤 것을
보호자에게 보여주었는가? _____
_____

당신의 현재 삶의 상황에 대해 어떤 것을 보호자에게 보여주었는가? __
_____

당신의 자원과 지지에 대해 어떤 것을 보호자에게 보여주었는가? _____
_____

그것이 보호자로 하여금 자신의 역할을 내려놓도록 해 주었는가? _____
_____

그렇지 않다면 보호자는 여전히 어떤 것을 두려워하는가 혹은 보호자가
안심하지 못하는 이유는 무엇인가? _____
_____

이 장에서는 보호자가 당신의 현재 나이, 상황, 역량 및 자원을 이
해하도록 보호자로 하여금 과거 기억으로부터 벗어나는 방법을 설명
하였다. 과거 기억으로부터 벗어나기는 보호자로 하여금 당신과 협력
할 가능성을 한층 높여 준다.

제 7 장

건강한 행동을 위해 보호자 설득하기

표준 IFS 작업 순서에 따르면 일단 당신이 보호자를 알게 되었고 그 부분과 신뢰관계를 발전시켰으면 자신이 보호하고 있는 추방자와 작업해도 좋은지 허락을 구한다(참자아가 이끄는 소인격체 클리닉 제10장을 보라). IFS는 대부분의 보호자들이 자신들이 보호하고 있는 추방자들이 짐을 내려놓을 때까지 자신들의 역할을 완전히 내려놓지 못한다는 사실을 이해하고 있다. 일단 허락을 받으면 추방자와 함께 일련의 치유 단계를 거친다. 그리고 나서 다시 보호자에게로 돌아와 이제는 보호자가 자신의 보호 역할을 내려놓을 수 있는지 알아본다(참자아가 이끄는 소인격체 클리닉 제11~15장을 보라).

그러나 보호 받고 있는 추방자를 치유하는 데 상당한 시간이 걸릴 수 있다. 그리고 하나 이상의 추방자가 보호 받고 있다면 훨씬 더 걸릴지도 모른다. 만약 당신에게 보호자가 나서야 하는 중요한 상황이 삶에서 다가오고 있다면 모든 추방자가 치유되기 전이라도 보호자가 긴장을 늦추도록 하는 방법을 찾는 것이 크게 도움이 될 수 있다. 자신의 역할을 내려놓고 참자아 상태인 당신이 그 상황에서 건강한 방식으로 행동하도록 하게 하는 것이 안전하다고 보호자에게 설명하면 된다. 저자는 이것을 참자아 리더십의 조기복원이라 이름하였다.

참자아 리더십 조기복원이 도움을 줄 수 있는 다른 상황들도 있다. 보호자 뒤에 짐을 내려놓은 추방자들이 있는데, 보호자에게는 자신의 보호 역할을 내려놓을 수 있는지 물어보았다고 하자. 보호자는 어느 정도 긴장을 늦추었지만 완전히 내려놓지는 않았다. 참자아 리더십 조기복원을 통해 당신은 보호자가 한층 더 긴장을 늦추도록 설득할 수 있다. 만약 당신이 작업하고 있는 보호자가 주로 어릴 적에 자신의 보호 역할을 떠맡도록 길들여졌다면 참자아 리더십 조기복원이 보호 역할을 내려놓도록 해 주는 최선의 방법일 수 있다.

이 장에서는 곧 다가오는 상황을 보호자가 당신과 섞인 상태가 되어 보통 역기능적으로 그 상황에 대처하기보다는 참자아 상태인 당신이 다룰 수 있도록 보호자를 설득하는 법을 설명하였다. 리처드 슈워츠는 이 방법을 훈련 과정에서 가르치고 있기는 하지만 글로 서술하지는 않았다.

설득하는 방법은 상황에 따라 다르다. 우리는 세 가지 유형의 상황, 보호자의 두려움이 비현실적일 때, 보호자의 두려움이 다소 현실적일 때, 보호자가 길들여졌을 때를 탐색하고자 한다.

보호자의 두려움이 비현실적일 때 설득하기

당신이 보호자를 알게 되었고 그 부분과 신뢰관계를 발전시켰을 경우 IFS 프로세스에서의 핵심 사항을 논의해 본다. 보호자를 활성화시키는 상황이 발생할 때, 이를테면 새로운 사람을 만나거나 데이트를 하러 나가거나 구직면접을 할 때 보호자가 보통 장악하고 자신의 극단적인 역할을 수행한다. 예를 들면 보호자는 당신으로 하여금 뒤로 물러서게 하거나, 화나게 하거나 정서적으로 차단하게 하거나, 사람들 비위를 맞추게 한다. 만약 보호자가 내면 비판자라면 당신을 몰아 부치며 공격하기 시작할 수도 있다.

보호자는 자신이 그 일을 하지 않으면 어떤 일이 일어날까 봐 두려워하기 때문에 그 역할을 수행하고 있다. 예를 들면 보호자는 자신이 무언가 하지 않으면 당신이 비판받고 모욕당하고 거절당하고 배반당할까 봐 두려워할 수 있다. 이러한 두려움은 당신이 실제로 이 중의 어느 한 방법으로 상처를 받았던 어릴 적 사건으로부터 온다. 그러나 현재 당신 삶에서는 당신이 보호자가 무서워하는 방식으로 상처를 받게 될 가능성이 많지 않다.

보호자를 설득함에 있어서 곧 다가올 특정한 상황을 다루는 것이 가장 좋다. 이것은 당신이 그 상황의 정확한 변수를 예측할 수 있어서 설득력을 높일 수 있기 때문이다. 이 섹션에서는 보호자가 자신의 역할을 내려놓더라도 자신이 두려워하는 방식으로 상처를 받지 않을 상황, 즉 보호자의 두려움이 비현실적인 케이스를 다루도록 한다. 다음 섹션에서는 보호자의 두려움에 상당한 타당성이 있는 상황에서는 어떻게 해야 하는지 논의할 것이다.

참자아 상태인 당신이 이 상황을 이끌어 가며 보호자로부터 나오는 역기능적인 방식이 아니라 건강한 방식으로 반응할 수 있게 하기 위해서 보호자를 설득하는 법을 배우도록 한다. 예를 들어 당신이 상사로부터 건설적인 비판을 받았다고 하자. 그러면 보호자는 보통 위축되거나 화를 내게 된다. 하지만 만약 당신이 참자아 입장에서 반응할 수 있다면 당신은 그 비판을 받아들이고 그 비판이 타당한지 여부를 결정하고 상사의 말에 동의하지 않거나 당신의 실적을 향상시키는 전략을 개발할 수 있다.

보호자는 자신이 위험하거나 해로운 상황을 다루고 있었기 때문에 어릴 적에 극단적이 되었다. 예컨대 당신은 어떤 것을 완벽하게 하지 못했을 때 조롱을 받았거나 실수를 하였을 때 야단을 맞았다. 보호자는 동일한 위해가 지금 발생하고 있다고 믿고 있기 때문에 현재 삶에서 활성화된다.

보호자에게 다가오는 삶의 상황에서 어떤 일이 일어날까 봐 두려워하는지 물어보라. 보호자가 두려워하는 것이 무엇인지 알게 되면 당신도 이 일이 일어나는 것을 원치 않는다는 사실을 알려주라. 이것은 보호자와의 연대를 더욱 공고히 해 주며 당신이 계속해서 다른 반응을 설득할 수 있도록 해 준다.

그러고는 보호자에게 당신의 현 상황이 어릴 적과는 매우 다르다는 것을 설명하라. 보호자의 역할은 어릴 적에 필요하였던 것임을 인정하고 보호자에게 그 당시 당신에게 해 준 일에 대해 감사하라. 그러고 나서 현 상황은 다르다는 것을 설명하라. 오늘날 당신이 대하고 있는 사람들은 부모(혹은 다른 사람들)가 그 옛날에 했던 방식으로 당신을 상처 주지는 않을 것이다. 게다가 당신은 어렸을 때 어른들의 통제하에 있었으나 지금은 누구의 통제도 받고 있지 않다. 그러므로 보호자는 자신의 역할을 수행할 필요가 없다.

보호자에게 당신은 참자아 입장에서 제대로 결정하며 상황을 성공적으로 다룰 수 있다고 설명하라. 당신이 계획하고 있는 상황 대처방식과 그 방식의 이점을 설명하라. 보호자에게 상황이 발생할 때 긴장을 늦추고 당신이 참자아 입장에서 그 상황을 다루게 할 용의가 있는지 물어보라.

신뢰관계

보호자와 신뢰관계를 발전시켰고 어릴 적에 당신에게 해 준 일에 감사를 표했다면 보호자는 당신의 말에 귀를 기울일 가능성이 높다. 만약 당신이 보호자의 역할을 이해하고 당신을 대신하여 그가 힘든 일을 수행한 것에 감사하고 있다는 사실을 그 부분이 신뢰하도록 이미 보호자와 제대로 연결되었다면 실로 참자아 리더십 조기복원이 성공하지 않을 수 없다.

만약 당신이 좋은 관계를 발전시키기 전에 보호자를 설득시키고자 한다면 보호자는 당신이 자기 말을 이해하지 못하고 묵살하고 있다고 생각할 것이다. 보호자는 상처받은 느낌을 갖고 당신에게 저항하며 심지어 당신에게 화를 낼지도 모른다. 참자아 리더십 조기복원은 보호자가 정말로 참자아 상태에 있는 당신을 신뢰하는 경우에만 효과가 있다.

신뢰관계를 발전시키는 법을 소개한다. 보호자에게 그가 지금까지 당신을 위해 하려고 애써 온 것을 이해하고 있다고 이야기하라. 그리고 그 부분의 노력에 대해 감사를 표하라. 그리고 나서 보호자가 이것을 듣고 어떻게 반응하고 있는지 체크하라. 만약 보호자가 긍정적으로 반응하고 있다면 아마도 충분히 신뢰가 쌓인 것이다. 만약 보호자가 당신의 감사를 받아들이지 않고 있다면 신뢰를 발전시키기 위한 작업이 좀 더 이루어져야 한다(이에 대한 자세한 방법은 **참자아가 이끄는 소인격체 클리닉** 제8장을 보라).

보호자의 두려움

만약 보호자가 긴장을 늦추어 당신이 상황을 다루도록 하는 것에 동의하지 않는다면 보호자에게 이렇게 물어보라. "당신이 긴장을 늦춘다면 어떤 일이 일어날까 봐 두렵습니까?" 보호자가 어떤 것을 두려워하는지 알아내면 보호자에게 어떻게 해서 두려워하는 결과가 일어나지 않을 것인지 그 이유를 설명하라. 그리고는 다시 보호자가 긴장을 늦추는 데 동의할 것인지 물어보라. 보호자가 자신이 두려워하는 것과는 다른 결과를 얻게 될 수도 있다. 보호자에게 그러한 결과 역시 일어나지 않을 것이라는 것을 설명하라. 보호자가 가진 모든 두려움에 대해 안심하고 기꺼이 긴장을 늦출 때까지 프로세스를 계속하라.(만약 보호자가 실제로 일어날 가능성이 있는 결과에 대한 이야기를 꺼낸다면 이것을 다루는 방법에 대해서는 다음 섹션을 보라.)

부분들은 일반적으로 자신들의 역기능적 역할을 수행하고 싶어 하지 않는다는 것을 염두에 두라. 비록 그들이 그 사실을 수긍하지 않을지라도! 달리 말하면 모든 부분에게는 그 부분이 수행하고 싶어 하는 건강한 역할이 있다. 그러나 심각한 해를 예방하기 위해서는 자신의 극단적인 역할이 꼭 필요하다고 믿고 있다. 그러므로 만약 그 부분의 통상적인 역할이 필요하지 않다고 보호자에게 확신을 줄 수 있다면 보호자는 종종 기쁘게 그 역할을 내려놓을 것이다. 이러한 설득 방법의 성공은 당신의 내면 시스템의 타고난 건강에 달려 있다.

다음은 보호자들이 자신들의 역할을 수행하지 않으면 어떤 일이 일어나리라는 그들이 흔히 갖고 있는 두려움들이다. 각각의 두려움을 설명한 다음, 보호자를 안심시키는 방법을 제시하였다.

누군가 당신을 해하거나 거부할 것이다

보호자는 만약 자신이 역할을 수행하지 않는다면 당신이 그 상황에서 누군가에 의해 해를 받지나 않을까 두려워할 가능성이 있다. '해'라고 함은 비난, 모욕, 지배, 배반, 침입, 분노, 신체 폭력이나 착취를 말한다. 예를 들어 화난 보호자는 자신이 화를 내지 않는다면 당신이 남편에게 통제당하지나 않을까 두려워할 가능성이 있다. 또 다른 보호자는 당신이 거절당하거나 헐벗거나 버림받거나 어떤 상황에서 누군가의 눈에 띄지나 않을까 두려워할 가능성이 있다. 예를 들어 사람들의 비위를 맞추는 보호자는 만약 자신이 당신의 친구들의 비위를 맞추지 않는다면 그들이 당신을 거부하지나 않을까 두려워할 가능성이 있다.

당신의 현 삶의 상황 가운데 있는 사람들은 보호자가 애초에 자신의 역할을 떠맡았던 어릴 적에 부모(혹은 다른 사람들)가 그랬던 것처럼 거부하거나 해를 끼칠 가능성이 없다고 보호자를 안심시키라. 예를 들면 한 여성은 남편이 자기를 통제하고 있지 않으며 자기 친구들은 항상 비위를 맞추지 않더라도 자기를 좋아한다고 보호자를 안심시키고 있었다.

때로는 사람들이 보이는 어떤 해로운 반응이나 거부 반응을 막아 보려는 의도에서 보호 행동을 취하지만 그것이 실제로 사람들을 자극하여 그들로 하여금 자신이 두려워하는 방식으로 반응하도록 만들기도 한다. 이것은 한편으로는 자신의 두려움이 타당하지만, 다른 한편으로는 자신이 역기능적 행동을 내려놓으면 자신의 두려움이 타당성을 잃게 된다는 것을 의미한다.

제이슨에게는 자신이 통제당하거나 비난당하지 않도록 보호하기 위해 사람들에게 격분을 토하는 화난 보호자가 있다. 제이슨의 아버지는 통제적이며 비판적이었기에 이 보호자가 발달하여 제이슨을 아버지로부터 보호하게 되었다. 이제 그 부분은 아버지를 생각나게 하는 사람뿐만 아니라 아버지를 자극하는 상황과 유사한 상황 가운데 있는 누구에게나 크게 화를 내게 되었다. 불행하게도 누군가에게 화를 내는 것은 그들을 자극하여 당신을 비판하거나 통제하도록 만들 가능성이 있다. 이 경우에는 보호자의 반응이 자기 충족적인 예언(자기가 기대하는 결과대로 상황을 만들어 가는 행동)이 된다. 제이슨을 보호하기 위한 보호자의 도발적인 시도는 보호자가 제이슨을 보호하기 위해 차단하려는 바로 그 해로운 반응을 유발시키고 있는 것이다.

이상하게 들릴지 모르겠지만 이러한 역동은 특별한 것이 아니다. 보호자들이 차단하려고 애쓰는 그 결과를 유발하는 현상은 실제로 상당히 흔하게 목격할 수 있다.

이 경우 참자아 리더십 조기복원의 일부로써 이러한 역동을 보호자에게 설명하라. 어릴 적에 당신을 보호해 준 보호자에 대해 감사를 표한 후에 이제는 보호자가 사람들을 자극하여 자신이 중단시키고자 애쓰는 바로 그 문제를 어떻게 야기하고 있는지 자세히 설명하라. 그런 다음 만약 보호자가 자신의 도발적인 역할을 내려놓는다면 사람들이 자신이 두려워하는 반응을 보이지 않을 것임을 설명하라.

보호자가 즉시 긴장을 늦추도록 만드는 것이 쉽지 않을 수 있다. 심지어 그들이 자신의 행동의 결과를 이해하고 있을 때에도 많은 경우 당신이 상처를 받을까 봐 여전히 무서워한다. 어쨌든 그들은 당신이 성인으로서의 삶을 살고 있더라도 상처를 받는다는 증거를 가지고 있다. 이 경우 보호자에게 참자아 리더십을 시험적으로 시도해 볼 용의가 있는지 물어보라. 이런 식으로 보호자가 자신의 역할을 내려놓으면 당신이 실제로 상처를 받는지 알 수 있다.

만약 사람들이 자신이 두려워하는 방식대로 반응한다면 보호자는 자신의 통상적인 역할을 가지고 뛰어들어도 된다고 이야기해 주라. 이것은 보호자가 시험해 볼 수 있도록 힘을 불어넣어 준다. 그러면 보호자는 당신이 실제로 위험에 처하지 않는다는 것을 알게 될 것이다. 그 후에 보호자는 참자아 리더십을 좀 더 기꺼이 허용할 것이다.

당신은 힘든 상황을 다룰 수 없을 것이다

보호자는 자신이 자기 역할을 수행하지 않는다면 당신이 다룰 수 없는 상황이 발생할까 봐 두려워할 가능성이 있다. 예를 들면 자기를 내세우지 않으려는 보호자는 자신이 당신을 계속해서 작고 온순하게 만들어 놓지 않으면 당신이 논란이 많은 문제를 공개적으로 주장하면서 의견충돌과 비난에 휘말리게 될까 봐 두려워할 가능성이 있다. 당신이 어렸을 때 그런 일을 경험하였고 부모에게 가혹하게 비난을 받았었기 때문에 보호자는 당신이 비난을 받으면 엄청난 충격을 받을 것이라고 예상한다.

당신은 어릴 적보다 많은 강점과 역량을 갖춘 능력 있는 성인이며 만약 당신이 의견충돌과 비난에 직면하면 당신은 충분히 그에 대처할 수 있다고 보호자를 안심시키라. 더욱이 당신은 지금 외적 지지만 하더라도 어릴 적보다 훨씬 많은 것을 갖고 있다. 당신에게는 배우자, 친구, 가족, 지지 그룹, 공동체 혹은 당신이 상황에 대처할 수 있도록 도울 수 있는 치료사가 있지 않은가! 이것이 앞 장에서 논의한 과거 기억에서 벗어나기 프로세스이다.

당신이 고도의 강점과 지지를 가지고 있을 필요는 없다. 당신은 어렸을 때보다 조금만 더, 그리고 그 상황을 다루기에 충분한 만큼만 가지고 있으면 된다. 만약 당신이 다가오는 상황을 다룰 능력이 없다면 당신이 능력을 배양하기 전에는 참자아 리더십 조기복원이 그 상황에서 가능하지 않을 것이다. 어떤 부분들이 이러한 역량을 방해하고 있는지 알아보라. 그리고 그들을 치유하기 위해 작업하라.

고통스러운 추방자가 활성화될 것이다

보호자가 만약 자신의 역할을 수행하지 않는 경우 당신이 다루기에는 너무 힘든 고통과 심리적 외상을 품고 있는 추방자를 활성화시키는 사건이 일어날 까 봐 두려워할 수 있다. 예를 들어 만약 보호자 자신이 갈등으로부터 물러서지 않을 경우 누군가 당신에게 화를 냄으로써 분노를 무서워하는 추방자가 활성화되는 것을 보호자가 두려워할 수 있다.

두 가지 가능성이 있다.

1. 추방자는 대체로 이미 치유되었다. 그래서 활성화되지 않을 것이다. 아마도 이 추방자는 과거에 활성화되었으나 추방자가 지금 활성화된다 하더라도 그 반응은 가벼울 것이라고 보호자를 안심시키라.

2. 추방자는 여전히 많은 고통 가운데 있다. 만약 이 추방자가 활성화되면 당신은 얼마간의 시간을 내어 참자아 상태로 들어가 상처 입은 추방자를 돌보겠다고 보호자를 안심시키라. 당신이 IFS를 배우기 전에는 이것을 할 수 없었으나 이제는 당신이 상처 입은 추방자를 위로하고 양육할 수 있는 능력을 가지고 있기에 그 부분은 당신을 압도하지 않을 것이다.

만약 추방자가 치유되지 않았다면 참자아 리더십 조기복원을 시도하기 전에 추방자를 치유하는 것에 초점을 맞추라. 만약 당신이 아직 참자아 상태를 유지하면서 추방자를 양육할 만한 역량이 없다면 추방자들과의 작업을 통해 그 역량을 발전시키는 데 힘쓰라.

당신이 부정적 결과를 초래하는 일을 할 것이다

보호자는 만약 자신이 자신의 역할을 수행하지 않으면 당신은 스스로에게 해를 끼치거나 스스로를 거부하게 만드는 어떤 행동을 취할까 봐 두려워할 수 있다. 예를 들면 조에게는 마음 닫는 부분이 있었는데, 자신이 그의 감정과 충동을 닫아버리지 않으면 그는 만나는 모든 여성과 데이트하며 동침하려고 애쓰며 돌아다닐까 봐 두려워하였다.

이 경우 보호자는 자신과 양극화되었거나 과거에 양극화되어 있었던 당신의 한 부분에 대해 염려하고 있다. 만약 그 양극화된 부분이 변화되었다면 그 부분이 과거에 했던 파괴적인 행동을 더 이상 하지 않을 것이라고 보호자를 안심시키라. 예를 들어 조는 섹스 중독에 대한 작업을 마쳤기에 그의 마음 닫는 부분은 긴장을 늦추며 조가 자신의 감정 및 욕구와 접촉하도록 허용할 수 있다고 설명할 수 있다. 만약 양극화된 부분을 장악하여 문제를 일으키지 않을 정도로 당신과 충분히 좋은 관계를 맺고 있다면 그 점에 대해 보호자를 안심시키라.

만약 양극화된 부분이 아직 변화되지 않았거나 적어도 참자아와 연결되지 않았다면 참자아 리더십 조기복원을 시도하기 전에 그 부분과 작업하라.

보호자가 추방당할 것이다

보호자는 만약 자신이 자신의 역할을 수행하지 않으면 더 이상 할 일이 없어져 추방당할 것을 두려워할 수 있다. 만약 보호자가 자신의 역할이 더 이상 필요치 않다는 사실을 깨닫는 경우 당신의 정신 세계에서 다른 어떤 역할도 선택할 수 있음을 설명하라. 그 부분은 추방당하지 않을 거라고 안심시키라(참자아가 이끄는 소인격체 클리닉 제10장을 보라).

비현실적인 두려움을 다루는 회기 사례

다음은 참자아 리더십 조기복원반 학생이었던 맨디와 했던 회기의 축어록이다. 맨디가 어려움을 야기하고 있는 부분과 접촉할 수 있도록 도와주었던 회기 초반부는 생략하였고 그 부분과 작업을 시작하는 시점부터 기술하였다.

맨디 : 우리가 찾아낸, 즐길 시간을 갖지 못하도록 내 업무 일정을 정하는 부분에 대해 작업하고 싶어요.

제이 : 좋습니다. 그 부분에 초점을 맞추세요. 그 부분과 접촉이 이루어지면 이야기해 주세요.

맨디 : 네. 접촉이 되었어요. 그 부분과 너무 오랫동안 섞인 상태로 있었던 것 같아요.

제이 : 네. 그 부분이 하는 이야기를 들어봅시다. 지금의 방식대로 당신의 업무일정을 정하는 것은 어떤 것을 성취하려고 그러는 것인지 이야기해 달라고 하세요.

맨디 : 이렇게 이야기하네요. "당신의 취업 상황이 기대에 못 미칩니다. 더 나은 직장을 구할 수 있는 가능성을 높이기 위해서는 이 모든 과업을 끝내야 합니다. 긴장을 늦추고 즐길 여유가 없습니다." 이 부분은 시급하다고 생각한다네요. 온통 돈과 미래 이야기만 하고 있어요. "일할 수 있는 세월이 그리 많이 남지 않았습니다. 따라서 정말로 이 일에 전적으로 매달려야 합니다." 나를 엄청 다그치고 있어요.

그리고 또 다른 이유도 있답니다. 재정 문제만이 아니라네요. 공허함, 눈에 띄지 않음, 또는 방 안에서 혼자 노는 아이 같은 느낌이래요. 보호자는 그것도 피하고 싶어 한답니다.

제이 : 그 부분이 갖고 있는 재정적인 염려는 이해합니다. 다른 측면 -혼자 있다는 것-은 이해하기 어렵네요.

맨디 : 가난한 것이 혼자 있는 것이나 눈에 띄지 않는 것, 그리고 다른 사람과의 관계 단절과 다르지 않다고 생각하는 것 같아요. (쉰다) 왠지 지금은 긴장을 늦춘 것 같아요. 안도감이 몰려온다고 표현하는 나름대로의 이유가 있네요.

제이 : 그것에 대해 좀 더 이야기해 주세요. 안도감이 무엇인가요?

맨디 : 네. 저는 하품이 좀 나기까지 했어요. 정말로 긴장이 풀리고 있어요. 이 신념이 보호자로부터 온다고 하니 내가 굴레에서 벗어나 자유로워지는 느낌이에요. 보호자의 신념이라면 그다지 현실적이지 않은 것이 분명하기 때문이에요. 불황이 오면 내 수입이 확실히 주는 것처럼요. 그러나 그 업무일정을 정하는 부분은 인생의 상당히 중요한 것들을 무시하고 있네요. 그것이 내게 굴레를 씌우는 것이 아니라고 하면서요.

그녀는 저절로 그 부분을 분리시켰다.

제이 : 오늘 배운 용어를 빌린다면, 당신은 보호자의 두려움이 전적으로 현실적이지 않다고 여기고 있는 것 같습니다.

나는 참자아 리더십 조기복원과 보호자의 두려움이 현실적인지 여부를 체크하는 법에 대해 그룹들을 가르치고 있었다.

맨디 : 네. 맞는 것 같아요. 어렴풋하게 이해했었으나 나의 굴레를 완전히 벗겨낼 정도는 아니었어요.

제이 : 지금 현재 이 보호자를 향해 어떤 느낌이 드는지 체크해 보세요.

맨디 : 매우 지쳐 있어요. 대단히 단호하고 고집스러워요. 마치 겉눈 가리개를 하고 있는 것 같아요. 도대체 귀를 기울이려고 하지 않아요.

제이 : 그래서 당신은 지금 그 부분에게 마음 문을 열고 있지 않다는 이야기로 들리네요. 당신은 그 부분을 비판하고 있으면서 달라지기를 바라고 있는 것 아닌가요? 왜 그런 식으로 느끼는지 이해는 합니다만, 그 부분을 향해 비판적인 태도를 취하는 것으로 보이네요. 그렇지 않나요?

맨디 : 네.

그녀는 그 부분에 대해 참자아 상태에 있지 않다. 비판하는 부분이 섞여 있다.

제이 : 당신의 비판이 정확한지는 모르겠지만, 당신이 좀 더 열린 마음으로 이 업무일정을 짜는 보호자를 알아갈 수 있도록 앞으로 몇 분간만이라도 이 보호자를 비판하고 있는 부분이 비켜설 용의가 있는지 알아보세요.

맨디 : 아, 네. 그 부분이 흔쾌히 그러겠다는군요.

제이 : 좋습니다. 이 보호자에게 자신을 밀어 부치는 것이 어떤 것인지 혹은 어떤 것을 두려워하는지에 대해 좀 더 이야기해 달라고 해 보세요.

맨디 : 울음이 터질 것 같아요. 그 보호자인 것 같아요. 네, 필사적이에요. 내 손을 꼭 잡고 이렇게 이야기하네요. "이건 정말 아니야! 무서운 상황이야. 우리는 무언가 조치를 취해야 해." 오직 그것만 보이는가 봐요.

제이 : 필사적이군요.

맨디 : 네, 이렇게 이야기하네요. "당신은 장기적으로 돈에 대한 계획이 하나도 없어. 그래서 내가 당신을 전력 질주하게 만들 수밖에 없어."

제이 : 그 부분이 그토록 밀어 부치지 않으면 어떤 일이 일어날까 봐 두려워하는지 물어보세요. 당신을 작은 방에서 즐겁게 휴식을 취하도록 놓아둘 경우 어떤 일이 일어날까 봐 두려워한답니까?

맨디 : 내가 인생을 허비할까 봐 두려워한다네요. 내가 남은 돈을 다 써 버리고 완전히 알거지로 늙어갈까 봐 두렵대요.

제이 : 당신의 미래 재정에 대해 정말로 염려하고 있군요. 당신을 끊임없이 밀어 부치지 않으면 당신이 재앙으로 치달을까 봐 말입니다.

맨디 : 네, 그래요.

제이 : 당신은 그 정도로 생각하지 않는데 그 부분이 너무 심하게 밀어 부치고 있는 것이 아닌가 생각되기는 하지만, 마음속으로는 당

신의 궁극적인 유익을 위하며 자신이 두려워하고 있는 일이 일 어나지 않도록 당신을 보호해 주려 애쓰고 있다고 볼 수는 없을 까요?

맨디 : 네. 그동안 얼마나 그 부분이 나와 섞여 있었는지 분명해지네요.

제이 : 지금에야 비로소 보호자가 당신을 위해 애쓰는 것을 깨달았기 에 감사하다고 이야기해 주세요. 감사하고 있다면 말이죠.

그 부분에게 감사를 표함으로써 그녀는 그 부분과 신뢰관계를 발전시킬 수 있게 되었다. 이것은 참자아 리더십 조기복원이 효과를 발휘하는 데 필수적 인 과정이다.

맨디 : 아, 네. 그 부분은 그동안 철저히 배우 역할을 해 왔네요. 확실 히 나를 보호하기 위해 전력을 다하고 있었어요.

제이 : (쉰다) 보호자가 당신의 감사에 어떻게 반응하고 있는지 보세요.

맨디 : 그 부분이 아주 고마워하네요. 제가 지금 울음이 나오려고 해 요. 너무 탈진해서 내 어깨에 기대어 흐느끼는 것 같아요. 그는 남자인 것 같아요. 오랫동안 너무 열심히 일했어요.

제이 : 좋습니다. 이야기해 주셔서 감사합니다. 그가 이 역할을 해 오 면서 정말로 탈진했군요. 비록 자신이 이 일을 맡아 해야 한다 고 생각은 하고 있지만 정말로 지쳐 있군요.

일단 맨디가 보호자와 좋은 관계를 맺고 나면 그(보호자)는 자신이 정말로 그 역할에 지쳐 있다는 사실을 받아들일 수 있게 된다. 이것은 그로 하여금 기꺼이 그녀가 이끌어 가도록 허용하는 준비작업이라 할 수 있다.

맨디 : 네. 그가 완전히 그 일로 녹초가 됐어요.

제이 : 보호자에게 당신의 재정을 위태롭게 하지 않으면서도 그토록 밀어 부칠 필요가 없도록 도와주겠다고 이야기해 주세요.

맨디 : 그에게 이렇게 이야기해 주고 있어요. "당신은 지금까지 훌륭하게 일했지만 분명히 이 방법으로는 바라던 바를 얻지는 못했어요. 그러니 다른 방법을 시도해 봅시다."

제이 : 당신이 분명히 재정에 대해 타당한 염려를 가지고 있다는 것은 충분히 이해합니다. 그런 점을 부정하지는 않지만 일자리를 찾으며 돈을 버는 능력을 포기하지 않으면서 더 많은 즐거움과 휴식을 누릴 수 있는 일정을 계획하는 것이 가능하다고 깨달은 것 같네요. 맞나요?

나는 보호자의 두려움이 왜 현실적이지 않은지 자세히 설명하고 있다. 그녀는 그 정보를 가지고 보호자를 안심시킬 수 있다.

맨디 : 네.

제이 : 자, 이제 잠깐 시간을 내어 보호자에게 설명해 주세요. 마음속에 품고 있는 생각이 보호자가 두려워하는 문제를 야기하지 않을 거라고 설명해 주세요.

맨디 : 내가 보호자에게 이야기해 주었어요. 그런데도 거의 믿지 못하겠답니다. 그가 회의적인 자세를 취한다는 것이 아니라 그에게

는 완전히 새로운 개념으로 보인다네요. 자신은 싸움에 지쳐 있대요. 지금까지 수십 년간 전투병이었답니다.

제이 : 보호자가 스스로 일정을 짜는 것이 아니라 자신은 휴식을 취하며 당신이 참자아 입장에서 일정을 세울 수 있도록 할 용의가 있는지 알아보세요.

맨디 : 이렇게 이야기하네요. "네." 그는 고개를 끄덕이며 털썩 주저앉았어요. 너무 지쳐 있네요. 전에는 알아보지 못하였던 상당한 역량이 내게 있다는 것을 이제는 알아차린 것 같아요. 그는 너무 무서워서 미래 재정을 위해 어떤 일을 해야 옳은 일인지 분별할 역량이 내게 있다는 것을 알아보지 못했어요. 내가 과로하여 병이 나지 않도록 관련 없는 일을 내려놓을 수 있는 여유가 내게 있다는 의미지요.

제이 : 우리가 공식적으로 과거 기억으로부터 벗어나기를 하지 않았는데도 불구하고 그가 당신의 역량을 알아보게 되었다는 이야기군요. 맞나요?

과거 기억으로부터 벗어나기는 보호자에게 그녀의 현재 역량을 보여주는 데 이용되곤 한다. 그러나 그(보호자)는 우리가 노골적으로 그 일을 하지 않고서도 그것들을 이해한 듯이 보인다. 이것은 아마도 맨디가 그와 좋은 관계를 맺은 결과이기 때문일 것이다.

맨디 : 네. 그가 내 역량을 알아보는 것 같아요.

이제 우리의 작업은 끝났다. 보호자는 그녀가 이끌 수 있도록 하겠다고 동의하였고 그녀에게 지혜롭게 선택할 수 있는 능력이 있음을 알게 되었다.

제이 : 좋습니다. 보호자에게 감사하세요. 회기를 종료하기 전에 그가 일정을 세우는 데 관여하면 방금 우리가 했던 작업을 염두에 두라고 제안하고 싶습니다. 그리고 필요하다면 보호자에게 긴장을 늦추고 당신이 그 일을 하도록 할 수 있다는 사실을 상기시키세요. 당신이 재정을 보호하기 위해 필요한 일은 하면서도 얼마간의 시간을 내서 즐거움과 휴식을 취할 수 있을 거라고 그를 안심시키세요. 그가 늘 하던 방식대로 뛰어들어 일정을 짜지 않도록 이것을 상기시키세요.

나는 보호자가 활성화되어 장악하려는 순간에 맨디 자신이 그 부분을 안전하게 다룰 수 있다는 사실을 상기시켜 주라고 제안하고 있다.

맨디 : 좋아요.

　이것은 타당성이 없는 두려움을 갖고 있는 보호자를 설득시키는 사례에 해당한다. 다음 섹션에서는 보호자의 두려움이 적어도 어느 정도는 타당한 상황을 다룰 것이다.

보호자의 두려움이 다소 현실적인 경우 설득하기

보호자의 두려움은 어린 시절로부터 기인하기는 하지만, 그 두려움은 현재에도 다소 현실적일 가능성이 있다. 즉, 보호자가 당신의 현재 삶의 어떤 상황에서 자신의 역할을 내려놓는다면 당신이 실제로 비난을 당하거나, 거절당하거나 모욕을 당하거나 야단맞거나 보호자가 두려워하는 그 어떤 상황에 처할 수 있다. 예를 들면 만약 당신에게 업무를 완벽하게 처리하도록 밀어 부치는 완벽주의자 부분이 있다면 이것은 당신의 상사가 가지고 있는 엄격한 기준 때문일 가능성이 있다. 따라서 당신이 느슨한 태도로 일을 하려 한다면 낙오자로 인식될 가능성이 있다. 이 경우 완벽주의자 부분이 갖는 두려움은 현실적이 된다.

　보호자의 두려움은 많은 경우 현 상황에서 발생 가능한 사건으로 인해 생길 수 있는 두려움보다 훨씬 크다. 어쨌든 그 두려움은 과거를 기반으로 하고 있으나 두려움에 일리가 있을 때마다 보호자를 설득하는 과정에서 그것을 감안해야 한다. 이것은 당신이 참자아 리더십 조기복원을 성공적으로 수행할 수 없다는 의미가 아니다. 단지 당신은 사람들로부터 받는 상처나 보호자가 두려워하는 그 어떤 상황에도 대처할 준비가 되어 있어야 한다는 의미이다. 그리고 어떻게 대처할 계획인지도 보호자에게 설명해야 한다.

　당신은 어떤 일이 발생하더라도 어렸을 적보다 아마도 대처할 수 있는 훨씬 더 나은 위치에 있을 것이다. 당신에게는 어릴 적보다 상황에 대처하기 위한 내공이 훨씬 많이 쌓여 있다. 친구나 가족, 그리고 도움 및 조언, 지지를 청할 수 있는 다른 사람들도 있다. 당신은 더 많은 회복력을 지니고 있고, 자립할 수 있으며, 아마도 상처 줄 수 있는 일이 발생하더라도 무너져 내리지 않을 것이다. 이것은 보호자가 두려워하는 어떤 일이라도 다룰 수 있을 가능성이 있음을 의미한다.

　만약 당신이 정말로 파괴적인 상황에 있거나 당신이 건강한 방식으로 반응할 경우 정말로 상처를 입거나 공격 받을 것 같은 상황에 있다면 여러 단계를 밟아(아마 다른 사람들과 함께) 상황을 바꾸거나 그것이 불가능하면 그 상황을 떠나야 할지도 모른다. 오직 그때에 가서만이 보호자가 긴장을 늦추어 당신이 건강한 방식으로 행동할 것이라 기대할 수 있다.

때로는 우리가 무의식적으로 현재 삶에서 부모만큼 해를 입히는 사람들을 힘들여 찾는다. 만약 이러한 경우라면 당신은 보호자를 두려움으로부터 해방시킬 수는 없을 것이다. 따라서 참자아 리더십 조기 복원은 당신이 이런 사람들과 떨어져 있든지 두려움을 희석시키는 방법을 찾아내든지 하지 않는 한 어려울 것이다.

계획 수립하기

먼저 보호자에게 긴장을 늦춘 다음 당신으로 하여금 참자아 입장에서 그 상황을 다루게 한다면 어떤 일이 일어날까 봐 두려워하는지 물어보라. 보호자가 어떤 것을 두려워하고 있는지 알아내었을 때 그 두려움이 일리가 있으면 두려움을 인정하고 두려워하는 결과, 예를 들면 당신이 비판당하거나, 묵살당하거나, 모욕을 당하는 것과 같은 상황들을 다루기 위한 계획을 수립하라. 이러한 계획에는 다음과 같은 내용이 포함된다.

1. 해를 입을 가능성이 최소화되도록 임박한 상황에 접근하겠다. 예를 들면 위험의 소지가 있는 사람들을 활성화시키지 않도록 침착

하고 안정적인 방법으로 접근한다. 혹은 그들을 모두 피한다. 혹은 요청이 받아들여질 가능성이 높아지도록 요청한다.

2. 그 상황에서 지원을 받겠다. 예를 들면 친구들이나 동료들로부터 의견을 듣는다. 힘든 상황을 다루는 법이나 심지어 당신 편에 있는 사람들을 그 상황에 동원한다.

3. 유해한 사람이나 상황과는 멀리하겠다. 예를 들어 당신이 누군가 끼어들거나 모욕을 줄 가능성이 있다는 사실을 알고 있지만 달리 대안이 없다면 그 사람을 반드시 피한다. 혹은 술을 마시는 사람이거나 짜증을 내며 해로운 방식으로 반응하는 사람의 경우 이런 까다로운 사람과 관계를 맺지 않는다.

4. 사람들을 자극하지 않겠다. 보호자를 자극하여 화나게 하거나 비판을 하게 만드는 사람, 무시함으로써 상처 줄 소지가 있는 사람과는 확실히 상대하지 않는다.

5. 만약 보호자 부분이 자극을 받는다면 추방자를 돌보겠다. 누군가가 당신에게 상처를 준다면 — 화를 내거나 거부함으로써 — 당신은 얼마간의 휴식 시간을 갖고 곧 이어 상처받은 추방자에게 접근하여 돌보며 참자아 입장에서 사랑한다.

6. 위해나 거부에 직면하여도 자신의 의견을 주장하겠다. 예를 들면

만약 샐리가 무시당하면, 그녀는 자신의 의견을 재진술하거나 밖으로 나가 누군가와 만나 자신을 받아 줄 수 있는 최선의 기회를 얻는다. 혹은 만약 도널드가 비판을 받으면 그는 자신의 아이디어가 타당하다고 생각하니 자기 이야기를 다 들어보고 이야기 좀 나누자고 요청한다.

7. 해로운 행동을 노골적으로 제한하겠다. 가령 질의 남편이 화를 내며 상처를 주면 그녀는 남편에게 그것이 얼마나 자신에게 상처를 주며 무섭게 하는지 이야기하며 그가 진정이 될 때까지는 그를 대면하지 않을 것이고 필요하다면 자기가 방을 나가겠다고 하였다. 만약 그가 다른 방에도 따라 들어와 계속 그런 행동을 한다면 집을 나가겠다고 한다.

8. 관계를 바꾸는 대화에 상대방을 끌어들이겠다. 만약 당신이 상처를 주는 사람과 지속적인 관계를 맺고 있는 상태에 있는 경우, 갈등 상황에 있지 않을 때 시간을 내어 그 사람과 함께 앉아 해로운 행동에 대해 논의한다. 그 사람의 행동 때문에 얼마나 부정적인 영향을 받고 있는지 설명한다. 비록 그 사람이 자신의 감정 반응을 인정하더라도 안전한 관계가 될 수 있도록 행동을 바꾸라고 요청한다.

9. 성공적으로 계획을 실행에 옮길 수 있도록 특정한 역량을 계발하겠다. 예를 들면 자기 주장을 하거나 힘 있는 입장에서 설득하거나

발표 능력을 계발할 필요가 있는 경우 큰 이해 관계가 걸린 회의에 들어가기 전에 설득 기술에 관한 과정을 공부하거나 독서를 계획한다. 또는 연설을 하기 전에 건배제의자 모임에 참석하거나 필요한 기술을 가르쳐 주는 트레이너를 고용한다. 일단 기술이나 역량을 계발하였다면 그 계획을 실행에 옮긴다.

10. 만약 내 행동으로는 바로잡을 수 없는 해로운 상황 가운데 있다면, 상황을 바꾸려 시도해 보겠다. 변화가 일어날 수 있도록 그 상황에서 다른 사람들과 작업한다. 예를 들면 소속 기관의 문화가 바뀌어야 한다고 주장한다.

11. 그래도 바꿀 수 없는 해로운 상황 가운데 있다면 나가 버린다. 예컨대 새 직장을 찾든지 관계를 끊어 버린다.

치료사 노트

어떤 계획들은 내담자가 취하기 힘든 행동일 수 있다. 내담자는 당신에게서 성공적인 계획 수립에 대한 코칭을 받을 필요가 있다. 또한 건강하고, 자기 보호적인 행동을 방해하는 자신들의 부분과 작업할 필요가 있다. 내담자가 어떤 상황도 다룰 수 있는 준비가 될 때까지 참자아 리더십 조기복원을 시도하지 마라. 만약 당신이 이미 설득을 시작하였다면 내담자가 사건들을 다룰 수 있도록 준비될 때까지 내담자와의 작업을 유보하라. 필요한 경우라 하더라도 내담자가 이 같은 계획을 수립하거나 실행할 수 없다면 그가 할 수 있을 때까지 참자아 리더십 조기복원은 실시하지 않는 것이 바람직하다.

보호자 설득하기

일단 발생 가능한 문제들을 다루기 위한 계획을 수립하였다면 그 계획을 보호자에게 설명하라. 그리고 보호자가 기꺼이 긴장을 늦춘 다음 그 상황에서 당신이 이끌어 나가도록 하겠는지 물어보라. 당신은 이미 보호자와 좋은 관계를 맺었고 지금까지 그의 염려 사항에 주의를 기울였기 때문에 보호자는 동의할 가능성이 있다.

만약 보호자가 여전히 동의할 준비가 되어 있지 않다면 지금 어떤 것을 두려워하는지 물어보라. 그리고 나서 그 두려움을 다룰 계획을 수립하라. 그리고 보호자에게 그 계획을 설명하라. 보호자가 가지고 있는 모든 두려움을 경청하도록 하라.

힘을 가지고 세상과 교류하는 분명한 계획을 수립하는 것은 당신이 보호자에게 참자아의 힘과 명료함을 보여주는 것이다. 이것은 보호자가 (참자아 상태의) 당신을 신뢰하며 당신의 리더십에 동의하도록 도와준다.

설득을 성공시키기 위해서는 당신의 참자아와 보호자 사이의 관계가 매우 중요하다는 사실을 기억하라. 아무리 풍부한 논리적 설명이라도 참자아와 보호자 사이의 좋은 내적 관계를 대신하지는 못한다.

현실적인 두려움을 다루는 회기의 사례

다음은 내 교육반 참가자였던 카렌과의 회기 축어록이다. 나는 참자아 리더십 조기복원에 대해 교육하고 있었다.

카렌 : 회사에서 승진 대상자 교육을 받고 있었어요. 그러다가 나는 승진이 되지 않을 거라는 이야기를 들었습니다. 이 같은 거절 통지는 심리적으로 충격과 상처를 주었어요. 약 10개월 전에 일어났던 사건이에요. 그 이후로 많은 상처와 커다란 슬픔에 빠져 있었고 최근에는 내 안에 분노가 차오르고 있다는 사실을 깨달았어요.

그래서 상사에게 가서 내가 당한 억울함을 이야기해야겠다고 마음먹었습니다. 그 사건으로 생긴 분노를 참느라 특이한 신체 증세가 생겼어요. 이 증세를 유발한 부분은 내가 이 분노를 표현할 때까지 계속 나를 성가시게 하겠다고 아주 단호하게 이야기하네요. 즉, 내 몸은 내게 분노를 반드시 표출하라고 요구합니다. 그러나 내가 상사를 향해 분노를 표출하려고 하기만 하면 내 말을 가로막고 묵살해 버리는 부분이 있었어요.

이렇게 이야기하고 있어요. "이봐, 그 분노를 표출하지 마. 부정적인 결과로 이어질 거야." 그 부분은 실제로 그 두려움이 타당하다는 경험이 있었어요.

제이 : 좋습니다. 다음과 같이 말하는 보호자와 작업할 필요가 있겠습니다. "분노를 표출하지 마세요." 내면으로 들어가 그 보호자와 접촉하십시오. 몸에서 그 부분이 느껴지거나 들리거나 이미지가 보입니까? 그 부분과 접촉이 이루어지면 이야기해 주십시오.

카렌 : 그 부분이 내 머릿속에서 음성으로 나타나고 있네요. 실제 단어보다는 오히려 음성의 톤이 들려요. "다다다다. 화를 내지 않는 게 나을 거야. 왜냐하면……" 나머지 단어는 어떤 것이었는지

알 수 없어요. 단지 "잠자코 있어. 가만히 있어. 화를 내지 마. 그래 봤자 소용없어." 거기까지예요.

제이 : 지금 그 부분을 향해 어떤 느낌이 드는지 체크해 보십시오.

카렌 : 내 한쪽에서는 그 잠자코 있으라는 부분에 대해 정말로 화가 나 있고 또 다른 한쪽에서는 그 부분에 대해 정말로 궁금해하며 좀 더 알아보고 싶어 하고 있어요.

제이 : 당신이 열린 마음으로 이 잠자코 있으라는 부분을 알아갈 수 있 도록 화가 난 부분에게 이번 회기 중 남은 시간 동안만이라도 비켜설 용의가 있는지 물어보세요.

참자아 리더십 조기복원 과정에서는 참자아 상태로 있는 것이 특히 중요하다. 왜냐하면 이 방법은 보호자가 당신을 신뢰하는 경우에 만 효과가 있기 때문이다. 따라서 더 진행하 기에 앞서 나는 카렌이 보호자에게 화가 난 부분을 분리하도록 도와주어야 한다.

카렌 : 화난 부분은 자기 이야기를 들어 달라고 투덜거려요. 이렇게 이 야기하네요. "젠장! 당신은 또 나의 분노를 표출하지 못하게 하 네!" 흥미로워요. 누군가 나로 하여금 화를 내지 못하게 하기 때 문에 이 부분이 화가 났어요.

"누군가"가 바로 잠자코 있으라는 부분이다.

제이 : 좋습니다. 화난 부분의 이야기를 듣게 되어 좋습니다. 그 부분
이 이야기하고 싶어 하는 또 다른 내용이 있는지 알아보세요.

카렌 : 나는 화난 부분에게 분노를 해소시키기 위해 이 잠자코 있으라
는 부분을 알아가고 싶다고 했어요. 불평으로 투덜거리기는 하
지만, 우리가 보호자와 작업하도록 비켜설 용의는 있다고 하네
요. "작업하는 것이 낫겠지!"

제이 : 좋습니다. 그 부분에게 기꺼이 비켜서 주어서 고맙다고 하세요.
그리고 지금 잠자코 있으라는 부분을 향하여 어떻게 느끼는지
체크하세요.

카렌 : 궁금하네요.

제이 : 좋습니다. 그 부분은 당신이 분노를 표출하는 것에 대해 어떤
염려를 갖고 있는지 이야기해 달라고 하세요.

카렌 : 계속해서 이런 음성이 들려요. "있잖아. 화내 봐야 실제로 소용
없어." 그 부분은 엄마와 관련이 있는 것으로 생각돼요.

제이 : 그것은 잠자코 있으라는 부분에 대한 당신의 생각입니다. 분명
히 그럴 것입니다. 그렇지만 잠자코 있으라는 부분에게 자신의
관점이 어떤 것인지 이야기해 달라고 하십시오.

엄마와 관련이 있다는 생각이 잠자코 있으라는 부분으로부터 온 것은 아니
었다. 그래서 나는 그녀가 정말로 그 부분의 관점을 이해해야 한다고 제안
하고 있다. 이것은 카렌이 옳다는 것을 분명히 하기 위한 것일 뿐만 아니라
그 부분과 좋은 관계를 맺고 발전시키기 위한 것이다.

카렌 : 그 부분은 이 이야기만 계속하고 있어요. "화내는 것은 소용없어. 그래 봤자 당신이 바라는 것은 얻지 못할 거야. 일을 원만하게 끝내는 것이 낫지." 마치 후렴처럼 계속 그 부분을 반복하네요.

제이 : 만약 잠자코 있으라는 부분이 당신으로 하여금 분노를 표출하도록 놓아둘 경우 어떤 일이 일어날까 봐 두려워하는지 물어보세요.

카렌 : 계속해서 소용없다고 하네요. 두려워하는 것이 어떤 것인지 잘 모르겠대요.

제이 : 물어보세요. 당신에게 이야기해 줄 수 있는지 알아보세요.

카렌 : 그 질문을 받고 매우 놀란 듯하네요. 화난 부분이 나를 지배하면 자신의 힘이 약화되기 시작할까 봐 약간 두려워하는 것 같아요.

내가 끈질기게 잠자코 있으라는 부분에게 물어보도록 함으로써 그 부분이 갖고 있는 두려움에 대해 결국 대답을 얻어낸 사실에 주목하라. 그 부분은 자신이 그녀를 더 이상 보호할 수 없을지 모른다는 염려로 인해 자신의 두려움을 선뜻 드러내지 못하고 있었다.

제이 : 좋습니다. 당신에 대한 지배력을 잃게 될 경우 어떤 일이 일어날까 봐 두려워하는지 잠자코 있으라는 부분에게 물어보세요.

카렌 : 내게 극도의 염려와 불안과 공포 상태에 있는 엄마의 그림을 보여주네요. 그 그림에는 화를 내면서 소리 지르고 있는 아버지도 있어요. 엄마는 정말로 아버지의 분노에 벌벌 떨고 있어요.

제이 : 좋습니다. 그 추방자와 작업할 것이 많지만 이제는 잠자코 있으
라는 부분이 어떤 것을 두려워하고 있는지 그리고 당신이 분노
를 표출하는 것을 바라지 않는 이유가 무엇인지를 상당히 잘 이
해하게 된 것으로 보입니다. 이해하였다고 그 부분에게 이야기
해 주세요.

카렌 : 이렇게 이야기하네요. "그래, 내가 이야기했잖아. 내 행동에는
충분한 이유가 있다고."

제이 : 좋습니다. 잠자코 있으라는 부분이 지금부터 당신을 신뢰하기
시작하는 것같이 느껴지는지 체크해 보세요.

카렌 : 별로 그렇지 않대요.

제이 : 별로 그렇지 않다고요? 어떤 것을 신뢰하지 못하는지 물어보
세요.

카렌 : 나의 정서적 충동성을 신뢰하지 못한답니다.

제이 : 알겠습니다. 당신이 실수로 화내지는 않을 거라는 이야기를 믿
지 못하는군요. 맞나요?

카렌 : 네.

제이 : 당신이 실제로 그 부분을 이해하고 있고 지금 그 부분과 연결되
어 있는지 알아보세요.

카렌 : 잠자코 있으라는 부분은 이렇게 이야기하고 있는 듯해요. 내가
자신(잠자코 있으라는 부분)의 일부만을 이해하는 정도랍니다.
자신을 감추고 있으며 정말로 완전히 자신을 드러낼 용의는 없
다네요.

제이 : 잠자코 있으라는 부분이 당신으로 하여금 자신을 완전히 볼

수 있게 하는 경우 어떤 일이 일어날까 봐 두려워하는지 물어 보세요.

카렌 : 자신이 녹아 버리기 시작할까 봐 두렵대요.

제이 : 녹아 버리기 시작할까 봐 두렵다고요? 그러면 당신을 보호할 수 없을까 봐서요?

카렌 : 맞습니다. 그리고 나는 아버지의 위험한 분노 앞에서 무력한 아이가 될 거라는군요. 네. 그 부분이 어떻게 나를 아버지를 자극하지 않는 매우 합리적인 아이로 만들었는지 그림을 보여주고 있어요. 겉으로는 합리적이고, 지적이며, 능력 있는 모습, 그것이 실제로 아버지를 진정시켰다고 하네요.

제이 : 당신이 어렸을 때 그 부분이 심각한 위해로부터 당신을 정말로 보호했던 것 같습니다.

카렌 : 그런 것 같아요.

제이 : 잠자코 있으라는 부분에게 그 당시 당신을 보호해 준 것에 대해 감사하다고 이야기해 주세요.

보호자에게 이런 감사를 표하는 것이 그 부분과 신뢰를 발전시키는 최선의 방법이다.

카렌 : 당신(잠자코 있으라는 부분)이 우리 가족들을 침착하게 만드는 전략을 가르쳐 주어 감사 드립니다. 내가 화난 아이로 있었다면 절대로 효과가 없었을 거예요. 조용한 가족이 아니라 혼란스러운 가족이었을 거예요.

제이 : 잠자코 있으라는 부분이 이제 어떻게 반응하고 있는지 보세요.

카렌 : 훨씬 가까워졌어요. 자신은 지금까지 매우 열심히 일하고 있었다고 내게 이야기해 주는 것 같아요. 자신의 역할에 다소 지친 것으로 보여요. 실제로 포기할 준비가 되어 있는 것으로 보이네요.

제이 : 물론 그렇겠지요.

잠자코 있으라는 부분이 완전히 바뀌었음을 주목하라. 자신이 참자아를 신뢰하게 됨으로써 도와줄 수 있는 다른 누군가가 있다고 깨닫는다. 따라서 자신의 역할에 그토록 집착할 필요가 없고 실제로 자신의 역할에 지쳐 있다는 것을 자각할 수 있다. 이런 일은 흔히 일어난다.

　IFS를 사용한 이번 회기에서 다음에 할 표준 작업 순서는 아버지의 분노를 무서워하였던 추방자와 작업하는 것이다. 그러나 참자아 리더십 조기복원을 하고 있으므로 이와는 달리 진행한다.

제이 : 잠자코 있으라는 부분에게 당신이 직위를 놓침으로써 생긴 감정을 상사에게 이야기하도록 만들 경우 실제로 어떤 일이 일어날까 봐 두려워하는지 물어보세요

카렌 : 상사는 그냥 묵살하고 비웃을 거라고 하네요. 나를 폄훼할 거예요. 내 이야기를 진지하게 받아들이지 않을 거예요.

제이 : 잠자코 있으라는 부분이 가진 두려움이 현실적으로 가능성이 있는지 —상사가 당신 말을 묵살하고 진지하게 받아들이지 않을지 — 평가해 보는 것이 좋겠습니다. 당신이 참자아 입장에서

평가할 수 있겠습니까?

카렌 : (쉰다) 그건 정말로 상사에게 어떻게 이야기하느냐에 따라 달려 있으므로 만일 내가 힘 있게 그리고 명료하게 이야기하면 내 말을 진지하게 받아들일 거예요. 그러나 내가 감정을 쏟아놓으며 다가간다면 내 말을 묵살할 가능성이 있어요.

제이 : 당연합니다. 따라서 당신은 명료하고 자신감 있게 상사에게 이야기할 계획을 세우겠다는 뜻으로 들립니다.

카렌 : 그렇습니다.

제이 : 좋습니다. 그 같은 상황에서 잠자코 있으라는 부분이 이 문제를 가지고 상사에게 이야기하도록 할 용의가 있는지 물어보세요.

카렌 : 확신이 서지는 않는대요. 특히 내가 갖게 된 감정을 상사에게 이야기하려 할 때 내가 감정적이지 않은 태도로 대할 수 있다는 확신이 서지 않는다고 하네요.

비록 잠자코 있으라는 부분이 누그러지기는 했지만 자신이 두려워하는 바를 다루기 위해 철저한 계획을 수립할 때까지는 아직 동의할 준비가 되어 있지 않다.

제이 : 좋습니다. 그렇겠네요. 어떤 계획을 갖고 있나요?

카렌 : 내가 이야기하려는 것을 미리 준비할 거예요. 분명합니다. 그리고 내가 감정에 북받쳐 목이 메지 않도록 상사에게 다가가기 전에 마음을 가라앉힐 거예요. 실제로 내가 이 문제로 몇몇 동료들과 이야기했고 두 사람이 상사와 이야기하는 방법을 내게 코

치해 주었어요. 그것도 도움이 될 거예요.

제이 : 좋습니다. 이것을 잠자코 있으라는 부분에게 설명하고 당신이 이 일을 하도록 허락할 느낌이 드는지 보세요.

카렌 : 잠자코 있으라는 부분은 이제 완전히 자신의 역할을 내려놓은 것으로 보이네요. 너무 지쳐서 거의 의식이 없어요. 완전히 풀이 죽었어요. 좀 안됐다는 느낌이에요. 더 이상 그 역할을 하지 않겠다고 하네요.

이 경우에는 잠자코 있으라는 부분이 참자아가 이 상황에서 이끌어 가도록 동의하였을 뿐만 아니라 변화하여 자신의 역할도 내려놓은 듯이 보인다. 카렌은 이것이 정말로 사실인지를 알기 위해서는 물론 시간이 더 필요할 것이다.

제이 : 잠자코 있으라는 부분에게 당신의 정신 세계에서 맡고 싶은 다른 역할이 있는지 물어보세요. 그렇게 꼭 해야 하는 것은 아니고 단지 선택사항일 뿐입니다. 원한다면 그냥 휴식을 취할 수도 있습니다. 그러나 무언가 다른 것을 선택하고 싶다면 그럴 수 있다는 이야기입니다.

카렌 : 특정한 역할을 맡지 않고서 어떤 일이 일어나나 관찰하는 것이 좋을 것 같아요. 그러나 힘과 명료함, 그리고 안정감을 유지하고 있는 참자아가 꽤 강하게 느껴지고 있습니다. 상사에게 이야기할 수 있는 아주 좋은 상태인 것 같아요.

제이 : 시간을 내어 몸에서 그것을 느껴 보세요.

카렌 : 실제로 몸에서 아주 많이 느껴져요. 몸에서 그런 느낌이 많이

들어요. 머리도 많이 명료해진 것 같아요. 내가 경험한 바를 아주 분명히 이야기하고 싶어요. 비록 '소 잃고 외양간 고치기'이기는 하지만 나 자신이 그렇게 당하지 않을 정도로 경계를 그을 만한 감각이 생겼어요. 아주 좋은 태도란 느낌이 들어요.

제이 : 좋습니다. 잠자코 있으라는 부분이나 어떤 다른 부분이 뭔가 이야기하고 싶어 하는 것이 있는지, 혹은 회기를 끝내기 전에 당신이 그들에게 뭔가 이야기해 주고 싶은 것이 있는지 체크해 보세요.

카렌 : 잠자코 있으라는 부분은 내가 강건한 태도를 취할 수 있게 되어 기쁘대요. 작은 추방자는 언젠가는 정말로 주의를 기울여 주어야 할 필요가 있을 것 같아요. 그 아이가 얼마나 작고 무서워하는지 이젠 알 수 있겠어요. 그 아이에게 네가 거기 있다는 것을 알았으니 언젠가는 네게 돌아오겠다고 이야기해 주고 싶어요. 그 정도만 할게요.

그녀가 아직 추방자 작업이 남아 있다는 사실을 자각하고 있다는 것은 좋은 일이다. 보호자가 변화되기는 하였지만 추방자는 아직 짐을 내려놓지 않은 상태이다.

이 회기에서는 보호자의 두려움이 어느 정도 사실인 상황에서의 참자아 리더십 조기복원을 예시해 주고 있다.

당신이 원하는 건강한 행동 계획하기

다가오는 상황에서 보호자가 긴장을 늦추도록 하는 것뿐만 아니라 만약 보호자가 긴장을 늦추는 경우 당신이 어떻게 행동하고 싶은가에 대해 생각해 보는 것도 도움이 된다. 발생할지 모르는 어려움들을 어떻게 다룰까를 계획하는 외에 원하는 건강한 행동을 계획하는 것도 유용하다.

위의 예에서 카렌은 상사에게 다가가 왜 자신이 이 새로운 직책에 적합한지 강하고 명료하게 이야기하기 전에 마음을 안정시킬 계획을 세웠다. 앞서의 예에서는 맨디가 자신의 미래 재정에 필요한 모든 것을 여전히 고려하면서도 충분한 휴식 시간이 확보된 일정을 짜는 계획을 세웠다.

어떤 경우에는 새로운 건강한 행동을 연습할 수도 있다. 친구와 역할놀이를 하면서 자기 주장, 적절한 대응, 혹은 당신이 하고 싶은 어떤 것이라도 시험 삼아 해 보도록 한다. 이 경우 보호자가 내려놓을지라도 당신은 진공 상태에 있지 않게 될 것이다. 어떻게 할지를 이미 알기 때문이다.

연습 : 현실적인 두려움을 가진 보호자를 대상으로 한 참자아 리더십 조기복원

곧 다가올 상황에서 적어도 다소 현실적인 두려움을 가지고 있는 보호자를 택하라. 표준 IFS 작업 순서를 따라 이 보호자를 알아가며 신뢰관계를 발전시키라. 보호자를 설득시켜 그 상황에서 보호자 역할 수행을 중단시키고 참자아 상태의 당신이 맡아 책임지도록 하라.

어떤 보호자를 택하였는가? _____
_____

설득시키기 위해 어떤 상황을 택하였는가? _____
_____
_____

그 상황에서 보호자는 어떤 것을 두려워하였는가? _____
_____

그 상황에서 어떤 건강한 행동을 택하였는가? _____
_____

보호자의 두려움이 왜 현실적이었는가? _____
_____

그 두려움을 다루기 위해 어떤 계획을 수립하였는가? _____
_____

그 상황에서 보호자가 보호할 필요가 없다고 어떻게 보호자를 안심시켰
는가? _____
_____

보호자가 확신을 갖고 내려놓았는가? _____

만약 보호자가 내려놓을 준비가 되지 않았다면 그 부분이 보호하고 있
는 추방자에 대해 치유 작업을 진행하라. 그리고 나서 다시 그 부분을
계속 설득하라.

상황이 발생하면 보호자에게 긴장을 늦추고 당신이 계획한 대로 건강한
방식으로 행동하라.

실제 상황에서는 어떤 일이 일어났는가? _____
_____

보호자는 내려놓았는가? _____

길들여진 부분 설득하기

당신에게 있는 어떤 부분은 주로 어릴 적에 그런 식으로 가르침을 받고 길들여졌기 때문에 그런 식으로 행동한다. 예를 들면 당신에게 자신의 필요를 희생시키면서 다른 사람들을 행복하게 만들기 위해 엄청나게 애쓰는 비위 맞추는 부분이 있다고 하자. 통상적인 IFS 상황에서는 이 부분이 어릴 적에 해를 받거나 거절당했던 어떤 추방자를 보호하고 있을 것이다. 일단 이 추방자를 치유하였다면 비위 맞추는 보호자는 자신의 역할을 기꺼이 내려놓을 것이다.

그러나 부모가 당신에게 비위 맞추는 사람이 되라고 가르쳤기 때문에 다른 사람 비위 맞추는 법을 배웠다고 하자. 부모는 착한 사람들은 다른 사람들 비위 맞추는 것을 최우선 순위에 놓는다고 이야기하였다. 당신이 부모 비위를 맞춰 주면 부모는 당신을 칭찬하고 주목과 사랑을 베푸는 것으로 보상하였다. 그리고 당신이 부모의 비위를 맞춰 주지 않을 때는 칭찬과 사랑을 베풀지 않았다. 이런 식으로 당신의 비위 맞추는 부분은 어릴 적 길들이기 과정을 통해 사람들의 관심과 인정 받는 법을 배웠다.

만약 이러한 경우라면 통상적인 보호자 변화시키기 프로세스는 그리 효과가 없을 것이다. 비위 맞추는 부분이 보호하고 있는 고통 가운데 있는 추방자가 실제로 없기 때문이다. 혹은 그 부분이 추방자를 보호하고 있더라도 이 보호는 그 부분이 보이고 있는 비위 맞추는 행동에 대한 주된 이유는 아니다. 그러므로 이 추방자를 치유함으로써 비위 맞추기 부분에 변화를 가져올 것이라 기대할 수 없다.

비위 맞추기 부분을 예로 삼아 길들여진 부분을 대상으로 참자아 리더십 조기복원 방법을 설명한다. 당신이 자신의 필요에 더 주의를 기울이고 자기 주장을 한다면 당신의 삶이 얼마나 나아질 것인지 그 부분에게 설명하라. 항상 친구들의 비위를 맞추려 엄청나게 애쓰지 않더라도 친구들이 여전히 당신에게 고마워할 거라고 설명하라. 혹은 친구 한두 명이 자신들의 비위를 맞추지 않는다고 떨어져 나갈지라도 당신은 감당할 수 있다. 그들이 바뀌지 않는다면 심지어 친구들을 포기할 수도 있다. 자기 주장을 하며 자신을 돌보는 능력을 가진 당신을 인정하는 친구들을 찾는 것이 나을 수 있다.

만약 당신이 자기 주장을 하면(혹은 어떤 건강한 방식으로 행동하면) 실제로 추방당하게 되는 심각한 문제 상황 가운데 살고 있는 경우, 프로세스가 그리 간단하지는 않다. 만약 보호자가 자신의 역할을 내려놓거나 상황을 바꾸거나 피해 가는 법에 대한 계획을 세우는 경우, 당신이 경험할지 모르는 거절과 공격에 대처하는 방법을 찾아내야 참자아 리더십 조기복원이 가능할 것이다. 이러한 상황은 바로 전 섹션에서 다루었다.

길들여진 부분 어떤 것에라도 이와 동일한 방법을 적용할 수 있다.

예를 들어 당신이 화를 내거나 통제적이거나 의존적이거나 반항적이거나 비판적이거나 완벽주의적이거나 지나치게 논리적이거나 혹은 그 밖의 행동 패턴이 굳어지도록 길들여졌다고 하자. 만약 이런 식으로 행동하는 부분이 고통 가운데 있는 추방자를 보호하고 있다면 통상적인 방식으로 그 부분을 변화시킬 수 있다. 그러나 만일 그러한 행동의 주된 이유가 길들여짐이라면 참자아 리더십 조기복원이 이 부분을 변화시킬 수 있는 아마도 가장 좋은 방법이 된다.

이 경우에 길들여진 부분이 자신의 통상적인 역할을 수행하지 않는다면 어릴 적에 받던 식으로 보상 받지 못하거나 그나마 받던 보상 자체가 중단될까 봐 두려워할 수 있다. 당신은 여전히 삶 가운데 만나는 사람들로부터 필요한 인간관계를 맺을 수 있으며 누군가를 잃는다 하더라도 여전히 건강한 방식으로 행동하는 것이 나을 거라고 이야기해 주면서 비위 맞추는 부분을 안심시키라. 저변에 추방자의 고통이 많지 않기 때문에 보호자의 두려움은 강렬하지 않을 것이다. 그 부분은 보상이나 칭찬 받지 못할 것을 주로 두려워한다. 이것은 여전히 피할 수는 없으나 강한 두려움은 아니다.

그러므로 비위 맞추는 부분에게 건강한 방식으로 행동함으로써 당신 삶 가운데 더 많은 유익을 얻게 된다는 설명이 도움이 된다. 만약 부분이 화를 내거나 통제하는 것에 길들여진 경우, 당신이 그 행동을 내려놓는다면 그로 인해 얼마나 사람들이 더 행복해지고 인간관계가 돈독해질 것인지 그 부분에게 설명하라. 만약 부분이 의존적이 되도록 길들여진 경우, 자조적인 삶을 영위하는 이점을 갖게 됨을 설명하라. 만약 당신의 부분이 논리적인 사람이 되도록 길여진 경우, 신체 및 정서와 접촉하는 것이 가져다주는 이점을 설명하라. 이것은 몇 가지 예에 불과하다.

그리고 나서 보호자가 자신의 통상적인 역할을 내려놓고 당신이 건강한 방식으로 기능하도록 만들 용의가 있는지 물어보라. 보호자는 동의할 가능성이 높다.

참자아 리더십 조기복원은 언제 하는가

참자아 리더십 조기복원이 유용하게 활용될 수 있는 네 가지 상황이 있다.

1. 문제 상황이 발생하기 전에는 추방자를 치유할 시간이 없을 때
2. 추방자를 치유하였지만 보호자가 자신의 역할을 내려놓는 데 추가적인 도움이 필요할 때
3. 보호자가 어릴 적 길들여짐을 통해 자신의 보호 역할을 떠맡게 되었을 때
4. 실시간으로 삶의 상황이 전개될 때

추방자를 치유하기 전에

당신이 행동을 바꾸고 싶은 상황이 발생하기에 앞서 보호 받고 있는 추방자의 짐을 완전히 내려놓을 시간이 없는 경우가 많이 있다.

메리앤은 심각한 정신적 외상을 입었고, 그로 인해 수많은 강렬한 보호자를 갖게 되었다. 추방자를 접근하기까지만도 수개월이 걸렸고

짐 내려놓기까지는 훨씬 더 걸렸다. 그동안에 그녀는 때때로 보호자가 문제를 일으키는 삶의 상황에 부딪혔다.

메리앤이 위기 해소자라 이름 지은 보호자는 굳이 그럴 필요가 없음에도 불구하고, 모임에서 화난 위험한 남자들의 격분을 가라앉히고자 관여하곤 하였다. 메리앤은 다음 주 중에 다가올 이러한 상황을 훈련 사례로 제시하였다. 나는 그녀가 회기 중에 위기 해소자를 설득하는 법을 배우도록 도와주어 그 부분이 자신의 통상적인 파괴 역할을 내려놓고 그녀로 하여금 위험한 남자에게서 떨어지도록 하였다.

또 흔한 상황은 IFS 회기에 할당된 시간이 거의 다 되었을 때이다. 당신은 보호자를 알게 되었고 그와 신뢰를 쌓았으며 이제 보호 받고 있는 추방자에게 접근하여 치유할 준비가 되었다. 그러나 한 회기에 목격하기, 재양육하기, 데리고 나오기, 짐 내려놓기의 모든 치유 단계를 거칠 만한 시간적 여유는 없다.

그럼에도 불구하고 당신은 다가오는 주에 힘든 상황을 마주해야 한다. 그 상황에서 당신은 건강한 방식으로 행동하고 싶다. 자신이 그 상황에서 이끌어 갈 수 있도록 몇 분이라도 보호자를 설득하는 데 사용하라. 보호자가 충분히 긴장을 늦출 수 있는 치유 작업을 위해서 가능하다면 다음 회기에 추방자에게로 돌아올 계획을 세우라.

추방자를 치유한 후에

정상적으로는 추방자의 짐을 내려놓은 후에 보호자에게 다시 접근하여, 지금까지 있었던 작업과 추방자의 변화된 모습을 자각하고 있으며 지금은 안전감을 느끼고 있는지 물어보라. 그리고 나서 보호자에게 사신의 역할을 이제는 내려놓을 수 있겠는지 물어보라. 그러면 종종 그럴 수 있겠다고 대답한다.

그러나 때로는 보호자가 여전히 그렇게 할 준비가 되어 있지 못한 경우도 있다. 이것은 자신이 보호하고 있는 아직 치유되지 못한 또 다른 추방자 때문이거나 다양한 여러 가지 이유 때문일 수 있다(참자아가 이끄는 소인격체 클리닉 제15장을 보라). 물론 당신은 보호자가 자신의 역할에 집착하고 있는 이유를 캐내어 해소시켜 줌으로써 보호자가 내려놓을 수 있도록 해 주고 싶어 한다.

그 밖에 당신이 보호자가 기꺼이 긴장을 늦추고 자신의 역할을 내려놓을(또는 적어도 내려놓는 실험을 할) 용의가 있는지 알아보는 경우, 특히 곧 다가올 특정한 상황에서 보호자의 역할이 더 이상 필요치 않은 이유를 설명하면서 보호자를 설득할 수 있다. 중요한 추방자 하나가 치유되었기 때문에 성공할 가능성이 높다.

추방자가 치유된 후 회기 말미에 참자아 리더십을 조기복원하는 방법을 소개한다. 이 회기에서는 조지가 보호자(계속해서 그를 비판하고 과로하도록 밀어 부치는 노예감독자)와 작업하고 있다.

지금까지는 조지가 노예감독자를 알아갔고 그 부분이 보호하고 있는 추방자(작은 소년)와 작업할 수 있는 허락을 받은 후 치유 단계들을 모두 거쳐 작은 소년은 짐을 내려놓고 변화되었다.

이제 조지는 노예감독자에게 주의를 돌려 이제 그를 더 이상 비판하지 않을 용의가 있는지 물어본다. 노예감독자는 다소 기분이 나아지기는 하였으나 그가 성공할 만큼 열심히 일하지 않을까 봐 여전히 염려하고 있다. 그는 노예감독자에게 작은 소년이 자기 자신에 대해 흡족해하고 있어서 상사로부터 인정을 받지 못하더라도 괜찮을 거라고 이야기해 준다. 노예감독자는 어느 정도 긴장을 늦추지만 여전히 비판을 완전히 포기할 준비는 되지 않았다. 그 부분은 조지가 게을러 상사로부터 업무수행 평가가 나쁘게 나올까 봐 두려워하고 있다. 조지의 '게으름'은 역량이 모자란다는 두려움으로부터 오고 있다. 여기서 두려움은 다시 작은 소년으로부터 온다. 따라서 조지는 노예감독자에게 작은 소년이 스스로에 대해 흡족해하므로 자신이 뒤로 미룰 가능성은 낮다는 사실을 설명해 준다.

조지는 또한 노예감독자에게 그 부분의 판단이 지금까지 문제였음을 설명해 준다. 노예감독자는 작은 소년으로 하여금 역량이 모자라는 느낌이 들도록 만들고 있었다. 노예감독자는 심지어 그런 것까지 고려하는 것에 충격을 받는다. 그 부분은 이제 조지에 대한 신뢰가 훨씬 깊어지긴 하였으나 그가 충분히 열심히 일하지 않을까 봐 여전히 걱정하고 있다. 조지는 좋은 직장을 얻기 위해서 열심히 일해야 한다는 노예감독자의 목표에 동의하고 있으며 자기의 업무수행 역량이 우수하여 그동안 업무를 잘 수행해 왔음을 그 부분에게 이야기한다.

그게 사실이더라도 노예감독자는 상사에게서 비판 받을까 봐 여전히 걱정하고 있다. 그래서 조지는 노예감독자에게 자신은 더 이상 어린아이가 아니며 아버지의 통제 아래 있지도 않고, 더욱이 상사는 자기 아버지와 달리 대체로 꽤 합리적임을 상기시켜 준다. 그러나 노예감독자는 여전히 그가 비판을 받게 되면 생기게 될 고통을 두려워하고 있다. 조지는 만약 상사가 자기를 비판하고 노예감독자가 작은 소년에게 상처를 주는 경우, 회기 초반부에 했던 것처럼 그 소년을 돌보면 소년은 결국 스스로에 대해 흡족한 느낌을 갖게 될 거라고 설명한다. 조지는 또한 만약 상사가 비합리적일 경우 상사가 지금 자신을 어떻게 대우하고 있는지 이야기해 주겠다고 설명한다.

조지는 노예감독자에게 시험 삼아 이 계획을 실천해 볼 용의가 있는지 물어본다. 노예감독자는 결국 기꺼이 이 새로운 방법을 시험해 보고 효과가 있는지 알아본다.

노예감독자에게는 그 밖에 많은 다른 두려움이 있었으나 조지가 계속해서 집요하게 설득하므로 그 부분은 결국 수그러들어 긴장을 늦추기로 동의하였다.

길들여진 보호자

길들여진 부분 설득하기에 대해서는 바로 전 섹션을 보라.

실시간으로

어떤 회기에서 보호자를 설득한 다음에는 실제로 삶의 상황이 발생할 때 자신의 행동을 추적해 보면 더 큰 깨달음을 얻을 수 있다. 비록 보호자가 그 상황에서 참자아가 이끌어 가도록 동의했더라도 그 부분이 깜빡 잊고 발끈해서 장악할 수도 있다.

그러므로 언제 삶의 상황이 발생하는지 잊지 말고 주의 깊게 살피며 보호자가 장악하기 시작하는 시점을 감지하라. 그리고 나서 보호자에게 그 상황에서 당신이 이끌도록 동의한 사실을 상기시키라. 참자아 입장에서 그 상황을 다루도록 하며, 보호자의 통상적인 역기능적 행동을 허용하지 않도록 노력하라. 예를 들어 맨디와 가졌던 회기 말미를 회상해 보라. 나는 그녀가 일정을 세울 때마다 신경을 써서 온통 일로만 이루어진 업무일정을 짜지 말 것을 보호자에게 상기시켜 주라고 제안하였다.

만약 보호자가 여전히 주저한다면 그 효과를 확인해 볼 수 있도록 시험 삼아 당신이 이끌어 가도록 할 용의가 있는지 물어보라.

이 장에서는 보호자를 대상으로 참자아 리더십을 조기복원하는 방법과 언제 그렇게 하는 것이 도움이 되는지에 대해 설명하였다. 이것은 보호 받고 있는 추방자에 대한 치유 작업을 대신하는 것이 아니다. 이것은 추방자 짐 내려놓기의 예비 단계나 부속적인 작업이라 할 수 있다. 좀 더 자세한 것은 **참자아 리더십 조기복원을 위한 소인격체 클리닉**을 보라. 나는 또한 개인 성장과 심리치유를 위해 온라인 도구인 self therapy journey[5]를 개발하였다. 여기에 참자아 리더십 조기복원이 들어 있다.

---

5 www.selftherapyjourney.com

● 참자아 리더십 조기복원 조견표

이 조견표는 자기 자신에 대한 작업이나 연습 파트너, 내담자를 촉진시키는 안내서로 사용할 수 있다.

1. 보호자와 신뢰관계를 만들라.
2. 곧 다가올 특정한 삶의 상황을 택하라.
3. 보호자의 통상적인 행동 대신에 그 상황에서 당신이 원하는 건강한 행동에 대해 충분히 생각해 보라.
4. 보호자에게 긴장을 늦추고 그 상황에서 참자아 상태의 당신이 이끌어 가도록 할 의향이 있는지 물어보라.
5. 만약 보호자가 의향이 없다면 그렇게 할 경우 어떤 일이 일어날까 봐 두려워하는지 물어보라.
6. 보호자가 갖고 있는 두려움 하나하나가 일어날 가능성이 낮다고 보호자를 안심시키라. 여기에 과거 기억으로부터 벗어나기를 포함시킬 수 있다.
7. 보호자가 갖고 있는 두려움이 어느 정도 타당성이 있다면, 두려워하는 결과를 어떻게 다룰 것인지 계획을 수립하라.
8. 이 계획을 보호자에게 설명하라. 그리고 그 부분이 긴장을 늦추고 그 상황에서 당신이 이끌어 가도록 할 의향이 있는지 물어보라. 만약 보호자에게 다른 염려가 있다면, 그 부분이 동의할 때까지 하나하나 검토하라.
9. 보호자에게 긴장을 늦추고 당신이 건강한 방식으로 기능하도록 하는 경우 그것이 가져다줄 이점을 설명하라.
10. 언제 삶의 상황이 발생하는지 주의하라. 그리고 보호자에게 당신이 지도자의 위치에 설 수 있도록 하라고 상기시키라. 당신이 계획한 건강한 행동을 실행에 옮기라.

제8장

유사 참자아 부분 분별하기

어떤 부분들은 자신들이 참자아라고 생각한다. 이것은 당신이 이런 부분과 섞여 있을 때에도 참자아 상태에 있다고 생각하며, 섞여 있는 그 부분의 한계를 인식하지 못한다는 것을 의미한다. 이 부분들은 긍휼함, 관계성 같은 참자아의 속성을 많이 가졌기 때문이 아니라 참자아 행세를 하기 때문에 유사 참자아라 부른다.

지배적인 유사 참자아 부분

나는 유사 참자아 부분들의 특별한 케이스를 목격하였다. 그리고 이것을 지배적인 유사 참자아 부분이라고 이름하였다. 대부분의 유사 참자아 부분들은 특정한 시간에만 활성화된다. 그리고 그들이 활성화되었을 때 당신은 참자아 상태에 있다고 생각하며 그 부분과 섞여 있다는 사실을 알지 못한다. 그러나 지배적인 유사 참자아 부분은 여기에서 한 발짝 더 나아간다. 당신에게 지배적인 유사 참자아 부분이 있다면 그 부분은 당신 삶에서 거의 항상 활성화되어 있고 당신의 정신 세계를 꾸려 나간다. 그 부분은 자신이 참자아라고 믿는 것이 아니라 당신 자신이라고 믿고 있는 것이다. 심지어 당신에게는 부분이 전혀 없다고 믿을 수도 있다.

내담자 중에 자신의 정신 세계를 거의 항상 엄격하게 통제하던 지배적인 유사 참자아 부분을 갖고 있는 사람이 있었다. 그 부분은 내담자의 추방자를 숨겨 두었을 뿐만 아니라 다른 보호자들과 참자아도 옆으로 밀어 놓아 방관자로 있게 하였다. 그 부분은 아주 잠깐이라도 통제를 내려놓는다면 혼란이 뒤따르거나 매우 위험한 일이 발생할까 봐 두려워하였다. 유사 참자아 부분은 내담자에게 부분들이 있다는 사실을 인식하였지만 자신의 통제가 해제되는 경우 혼란을 가져올 거라는 두려움 때문에 다른 어떤 부분도 내담자에게 이야기하지 못하게 하였다

또 한 명의 내담자는 거의 항상 자기 머릿속에서만 살면서 지나친 자기분석에 매몰되어 있었다. 그에게는 자신의 삶을 자신의 지적 능력으로 영위하며 정서, 직관, 신체 감각, 이미지, 그 밖의 내면 현상이 발생하지 못하도록 지배적인 논리 추구자 역할을 하는 유사 참자아 부분이 있었다. 이 내담자는 이 논리 추구자를 자신의 한 부분으로 보지 않았다. 그는 자신의 모습이 그렇다고 믿었다.

지배적인 유사 참자아 부분은 수많은 형태를 취할 수 있다. 그 부분은 자신이 부분이라는 사실을 믿지 않음으로써 자신을 지배하고 있다. 그러므로 지배적인 유사 참자아 부분을 다루는 데 있어서 가장 중요한 것은 자신이 부분이라는 것—즉 당신이 다른 부분들을 가지고 있다는 것—을 인식하는 것이다. 가장 중요한 점은 그 부분 자신이

참자아가 아니라는 것이다. 그리고 나서 당신이 참자아 상태에 있음을 경험할 수 있도록 그 부분에게 비켜서 달라고 요청할 수 있다. 지배적인 유사 참자아 부분은 자신이 비켜서면 아마도 추방자들이 당신을 압도할까 봐, 혹은 당신의 내면 시스템이 혼돈 상태가 될까 봐 두려워하고 있을 것이다. 어떤 경우에는 이러한 두려움이 상당한 근거를 바탕으로 한 것일 수 있다. 어떤 사람들에게는 이 일이 발생할 수도 있다. 그러나 대부분의 경우 이 두려움은 현실이 아니다.

만약 지배적인 유사 참자아 부분이 비켜선 후 당신이 고통에 압도당하기 시작하면, 즉시 당신을 압도하고 있는 추방자에게 당신이 안전하게 참자아 상태에 있을 수 있도록 고통을 품고 있어 달라고 요청하라. 나중에 당신이 확실히 참자아 상태에 있을 때 추방자를 정말로 치유할 수 있겠다고 이야기하라. 어쨌든 추방자가 당신을 압도하는 이유는 이것이다―추방자들은 자기 이야기를 들어주기를 바라고 치유 받기를 원한다는 것이다! 압도 위험이 있을 때는 누군가 다른 사람이 당신의 회기를 목격하고 당신을 지지하게 하는 것이 도움이 된다. 일단 당신이 추방자들로부터 당신을 압도하지 않겠다는 합의를 이끌어 냈으면 이것을 지배적인 유사 참자아 부분에게 설명하고 그 부분이 비켜설 수 있는지 알아보라. 혹은 당신이 자신을 압도할지도 모르는 추방자에게 아직 접근하지 못하였다면 지배적인 유사 참자아 부분에게 추방자들이 당신을 압도하지 못하도록 하겠으며 당신이 진정으로 참자아 상태에 있을 수 있도록 추방자들이 당신에게서 떨어져 있으라고 설득하겠다고 하라.

압도가 항상 지배적인 유사 참자아 부분이 갖고 있는 유일한 문제는 아니다. 그들은 보호자가 갖는 어떤 정상적인 두려움도 가질 수 있다. 중요한 것은 그들이 당신 자신이 아니며 참자아도 아니라는 것을 인식하는 것이다. 그다음에는 작업이 상당히 간단하다.

치료사 노트

내담자가 유사 참자아 부분(지배적이든 아니든)과 섞여 있을 때는 종종 내담자 자신이 이것을 깨닫지 못한다. 그 부분을 탐지하는 것과 섞임을 인식하는 것은 치료사인 당신의 몫이다. 유사 참자아 부분이 눈에 띨 때는 내담자에게 그(녀)가 참자아 상태에 있는 것이 아니라 부분과 섞여 있는 것 같다고 넌지시 이야기하라. 그리고 무엇 때문에 당신이 그렇게 생각하는지 설명하라. 내담자가 섞여 있다고 이야기만 해주는 것보다 그것이 맞다고 생각하는지 내담자에게 물어보라. 항상 내담자가 어떻게 생각하는지 물어보라. 일단 내담자가 동의하면 유사 참자아 부분과 작업을 진행하여 그 부분을 비켜서게 한 다음 내담자가 참자아 상태가 되도록 한다.

만약 내담자가 자신이 유사 참자아 부분과 섞여 있다는 사실을 인식하지 못한다면 직접 접근(direct access)[6]을 시도해 볼 수 있다. 여기서는 유사 참자아 부분을 한 부분으로 여기면서 대화한다. 당신은 유사 참자아 부분을 알아가면서 잠정적으로 시스템에 참자아를 제공할 수 있다. 일단 이 부분이 마음 문을 열고 당신을 신뢰하기 시작하면 그 부분을 비켜서게 하여 내담자가 참자아 상태가 되도록 한다. 이를 통해 당신은 직관을 떠나 IFS의 표준작업 방식으로 되돌아올 수 있게 된다.

---

6 직접 접근은 참자아가 이끄는 소인격체 클리닉 시리즈 제5권에서 다룰 것이다.

교묘하게 비판적인 부분

참자아가 이끄는 소인격체 클리닉 제6장에서 당신이 지금 작업하고 있는 표적 부분을 향하여 부정적인 감정을 갖고 있는 염려하는 부분을 논의하였다. 당신은 표적 부분을 향해 어떤 느낌이 드는지를 감지함으로써 염려하는 부분과 섞여 있는 상태를 체크하는 법을 배웠다. 예를 들어 비판적이거나 화가 나거나 무서운 느낌이 들면 당신은 염려하는 부분과 섞여 있는 것이다. 당신이 참자아 입장에서 표적 부분과 작업할 수 있도록 염려하는 부분에게 비켜서 달라고 요청하라. 그러나 이렇게 참자아에게 접근하였을지라도 염려하는 부분이 회기 후반부에 자신도 모르게 당신과 섞일 수 있다. 종종 이것은 비판하는 부분인데 그 비판이 교묘하여 그 부분을 놓친 채로 당신은 여전히 참자아 상태에 있다고 믿을 수 있다.

표적 부분을 알아가면서 당신은 그 부분에 대해 화가 나거나 비판적인 느낌이 들기 시작할 수 있다. 혹은 그 부분이 없어지기를 원할 수도 있다. 당신은 마음 문을 열고, 비판하지 않는 참자아 상태로 시작하기는 하였으나 표적 부분이 삶 가운데 일으키는 문제들을 더 많이 알아가면서 표적 부분에게 짜증이 나기 시작할 수 있다.

당신이 다른 사람들보다 우월하다고 생각하는 오만한 부분을 알아간다고 하자. 이 오만한 부분이 작동하는 모든 실제 상황을 인식하면서 그 부분이 오랫동안 당신의 마음을 닫아 놓았기 때문에 이 부분이 당신을 불행하게 만드는 주요인임을 깨닫는다. 이 오만한 부분은 연인관계에 있는 여성들을 폄하하여 발전 가능성이 있었던 관계를 깨뜨

린다. 그 부분이 보이는 거들먹거리는 태도가 동료들을 화나게 만든다. 친구들이 당신의 기대에 부응할 때는 친구들을 향하여 오만하게 행동하도록 만든다. 이 때문에 여러 차례 우정에 금이 가 버렸다. 지금까지 이 부분이 유발했던 모든 손상을 보고 당신은 그 부분을 제거하고 싶을 것이다. 사람과의 관계에 손상을 주었기 때문에 당신은 그 부분을 향하여 원망을 느낄 수밖에 없다. 이 부정적인 감정은 슬그머니 기어들어 와 당신과 섞인 비판적인 유사 참자아 부분으로부터 온 것이다. 이것은 자연스러운 반응이기는 하지만 당신을 참자아 상태에 있지 못하도록 만든다. 참자아는 비판적이지도 않고 원망을 느끼지도 않기 때문이다.

비판이 슬그머니 기어들어 오는 또 하나의 예가 있다. 당신에게 담대하게 이야기하지도, 자기 주장을 하지도 못하게 하는 조용하면서 겸손한 부분이 있다고 하자. 처음에는 꽤 마음 문을 열고 그 부분과 관계를 맺어 가며 그 부분이 왜 그런 식으로 행동하는가 궁금해한다. 그러나 그 부분을 알아가기 시작하면서 이 부분을 겁쟁이로 보는 한 부분이 등장한다. 그리고 그 조용하면서 겸손한 부분을 향하여 업신여기는 느낌을 갖는다. 그 부분은 패배자야! 당신은 그 부분을 창피하게 여긴다. 비판적인 유사 참자아 부분이 당신과 섞인 것이다. 그리고 당신은 더 이상 열린 마음으로 겸손한 부분에게 질문하지 않는다. 질문은 공격적이 되어 가기 시작한다. "무엇 때문에 그렇게 행동하는 거야?"는 사실상 "너, 왜 그러는 거야?"를 의미하는 것이다.

일단 비판적인 부분과 섞여 있다는 것을 깨달으면 당신이 열린 마음으로 그 표적 부분을 알아갈 수 있도록 비켜서 달라고 요청하라. 당신은 그 부분이 왜 비판적이 되는지를 이해한다고 인정하는 한편, 왜 그러한 태도가 IFS 작업을 방해하는지 설명해도 좋다. 만약 비판적인 부분이 쉽게 비켜서지 않으려 한다면 참자아가 이끄는 소인격체 클리닉 제6장에서 배운, 염려하는 부분과 작업하기 및 비켜서도록 만들기 순서를 따르도록 하라.

논리 추구자

당신이 부분을 알아가고 있을 때(참자아가 이끄는 소인격체 클리닉 제7, 제11장을 보라), 사실은 논리 추구자가 장악하였음에도 불구하고 흔히 참자아 상태에 있는 것으로 착각하는 경우가 있다. 이에 대한 징표는 다음과 같다. 질문을 하고 반응에 귀를 기울이는 대신에 표적 부분을 분석하고 있다. 이상적으로는 표적 부분이 당신에게 자신에 대해 이야기하도록 해야 한다. 당신이 정말로 참자아 상태에 있을 때는 표적 부분을 파악하고 있는 지적 관찰자로 있는 것이 아니다. 당신은 호기심을 가지고 마음 문을 열고 표적 부분으로부터 배우는 경청자인 것이다. 그 결과 종종 의외의 이야기를 듣게 된다. 당신이 이런 식으로 마음이 열려 있지 않으면 모든 것을 파악하려는 논리 추구자와 섞일 가능성이 있다.

예를 들면 당신이 사교 모임에서 움츠러드는 부분을 알아가고 있다고 하자. 당신은 과거에 사람들의 거부와 비판을 두려워하여 움츠러들었던 사실을 기억한다. 이것은 유용한 정보이기는 하지만 그것이 움츠러드는 부분으로부터 오고 있는 것은 아니다. 그것은 움츠러드

는 부분에 대해 심리분석을 하고 있는 논리 추구자로부터 오고 있는 것이다. 당신이 그 부분에게 질문을 하고 있지 않으면 마음 문을 열고 그 부분의 대답을 듣고 있는 것이 아니다. 오히려 논리 추구자가 장악하고 있는 것이다.

일단 당신이 논리 추구자와 섞여 있다는 것을 깨달으면 그 부분에 초점을 맞추라. 지적 통찰이 갖고 있는 유용성을 확증시켜 주되, 만약 부분을 알아려고 애쓸 때 지적 통찰이 작동한다면 그것은 프로세스의 궤도를 벗어나는 것임을 설명하라. 당신이 정말로 참자아 상태에 있을 수 있도록 논리 추구자에게 비켜서 달라고 요청하라. 그러나 당신이 알게 된 내용과 바로 전의 통찰과의 관계를 파악하고 당신의 심리를 보다 더 풍부하게 지적으로 이해하기 위해 회기 말미에 논리 추구자에게 되돌아오겠다고 이야기해 주라. 지적인 부분들은 귀하다─

올바른 때와 장소에서는! 어떤 부분이 자신의 귀중함을 알아줄 때에는 당신과 협력할 가능성이 높다.

논리 추구자가 비켜선 경우 참자아 입장에서 움츠러드는 부분(혹은 아무 부분)과 관계 맺는 법을 소개한다. 그 부분에게 어떤 것이 두려워 움츠러드는지 물어보라. 그리고 열린 마음으로 대답을 기다리라. 대답은 당신의 머리가 아닌 움츠러드는 부분으로부터 나와야 한다.

때로는 당신이 논리 추구자와 섞여 있는지 그렇지 않은지 구별하기 어려운 경우가 있다. 당신이 말로 의사소통하지 않는 부분과 작업하고 있을 때는 종종 그 부분이 의미하는 바를 해석해야 한다. 예를 들면 시각적으로 의사소통하는 부분과 작업하고 있다고 하자. 그 부분이 검은 돌의 이미지를 가지고 출발한다. 당신이 그 부분이 가진 두려움에 대해 안심시키자 그 부분의 이미지가 줄무늬가 있는 화강암으로 바뀐다. 당신은 이것을 그 부분이 당신에게 마음 문을 꼭 닫은 것은 아니라는 의미로 해석한다. 당신이 정말로 그 부분과 의사소통하고 있는지 지적으로 그 부분을 파악하고 있는지를 구별하는 것이 쉽지 않을 수 있다.

당신이 마음 문을 열고 이미지나 느낌, 신체 감각의 사소한 변화가 부분으로부터 오는지 그렇지 않은지를 자신에게 물어보라. 당신이 그것들이 의미하는 바를 해석해야 할 수도 있다. 그러나 머리로 그 부분을 파악하고 있어서는 안 된다. 부분과의 의사소통과 의미하는 바를 이해하도록 하라. 종종 이해는 당신의 지능이 아니라 직관으로부터 온다. 이것은 당신이 참자아 상태에 있음을 의미한다. 만약 당신이 부분을 바로 전 그에 대한 이해와 기억을 바탕으로 파악하려 애쓰고 있다면, 당신은 아마도 논리 추구자와 섞여 있을 가능성이 높다.

조급해하는 부분

다음은 찾아내기가 까다로울 수 있는 상황을 소개한다. 당신은 한동안 회기를 진행해 왔으며 간절히 결과를 얻고 싶어 한다. 당연히 부분들이 치유되어 기분이 나아지기를 바라고 있다. 그러나 작업을 진척시켜야 한다고 마음속으로 채찍질한다. 적절한 시간에 저절로 펼쳐지도록 IFS 프로세스를 신뢰하고 있을 수만은 없다.

예를 들면 당신은 정말로 보호자와 관계를 맺기도 전에 밀어 부쳐 추방자에게 접근하고 싶어 한다. 혹은 염려하는 부분이 방해를 하고 있다고 하더라도 그 부분을 인정하지 않고 단순히 지나쳐 가고 싶어 할 수 있다. 보호자들이 당신을 신속히 들여보내지 않을 때 당신은 부분들에게 '저항하고' 있다고 낙인을 찍는다. 당신은 눈앞의 치료 목표를 지연시키는 일이 발생할 때마다 침착하게 작업을 가로막고 있는 부분을 알아가기보다는 좌절하며 조급해하고 밀치며 나아가고 싶어 한다. 당신의 한 부분이 때때로 조급해하는 느낌을 갖는 것은 충분히 이해할 수 있다. 어쨌든 당신은 고통을 해소하고 초점을 맞추고 있는 부분들과 IFS 프로세스를 끝내고 그들의 삶 가운데서 더 잘 기능할 수 있도록 만들고 싶어 하는 것이다.

그러나 부분들을 치유하려고 서두르는 것은 길을 가로막고 있는 보호자를 활성화시키는 경향이 있기 때문에 실제로 일을 지연시킨다. 표적 부분은 당신이 정말로 그 부분을 알아가고 싶어 한다는 말을 신뢰하지 못할 수 있다. 따라서 당신에게 마음 문을 열려고 하지 않을 것이다. 그 부분은 당신이 자신을 지나쳐 추방자에게로 가고 싶어 한다는 것을 감지한다. 따라서 표적 부분은 협력을 거부한다. 만약 보호자들이 당신이 정말로 그들을 알고 싶어 한다는 말을 신뢰하지 않을 경우 부분들은 당신에게 저항할 것이다. 그러므로 IFS에서는 천천히 인내심을 갖고, 관련된 모든 부분을 존중하며 작업하는 것이 문제를 해결하는 빠른 길이다.

당신이 조급해하는 부분과 섞여 있음을 깨달을 경우 그 부분에게 초점을 맞추라. 그 부분이 갖고 있는 작업 진척 욕구를 확인하고 가장 빠른 방법은 모든 부분을 존중하고 작업의 흐름을 따라가는 것임을 상기시키라. 그 부분에게 당신이 참자아 입장에서 진행할 수 있도록 비켜서 달라고 요청하라.

참자아는 밀어 부치지 않는다. 당신이 참자아 상태에 있을 때는 치유를 향해 나아가고는 있으나 서두르지는 않아야 한다는 사실을 알고 있다. 당신은 모든 부분, 즉 진행을 잠정적으로 가로막고 있는 부분들의 두려움조차도 존중한다. 당신은 현재 작업하고 있는 문제에 관련된 모든 부분을 알아가는 데 관심을 가지

고 있으며 부분들이 이야기하고자 하는 것은 어떤 것이든, 그것이 얼마나 걸리든 듣고 싶어 한다. 자신의 모든 부분을 알아갈 수 있도록 치유 목표를 시야에서 놓치지 않으면서 열린 마음의 공간을 남겨 놓으라.

참자아 상태에서는 '방해하고 있는' 듯이 보이는 부분을 아는 것이 당신이 접근하려고 애쓰는 부분을 아는 것만큼 중요할 수 있다는 것을 알고 있다. 어떤 부분이라도 '저항하는' 부분이라고 낙인을 찍지 않는다. 저항하는 부분은 당신이 작업을 진행하기에는 아직 준비가 덜 된 보호자일 뿐이다. 그 부분은 오랫동안 이 보호 역할을 해 왔다. 어릴 적에 이 역할을 떠맡았을 때는 그 부분의 보호가 아마도 필요하였을 것이다. 그 부분에 대해 조급해하기보다는 그 부분을 존중하라.

한 가지 예를 들어 본다. 델리아는 사람들에게 비합리적으로 화를 내는 부분과 작업하고 있다. 그녀는 그 부분을 알아가면서 그 부분이 어릴 적에 버림받은 추방자를 보호하고 있다는 사실을 깨닫는다. 그녀는 화를 내는 부분의 허락을 얻어 버림받은 추방자와 작업을 시작한다. 그 순간 멍해지기 시작한다. 이것은 그녀가 추방자의 고통으로 인해 압도되는 것을 두려워하는 다른 보호자로부터 오고 있다. 델리아는 멍하게 만드는 보호자에 초점을 맞추고 그 부분에게 비켜서 달라고 요청하며 그 부분이 가진 두려움을 음미할 시간을 갖지 않는다. 그 두려움은 그녀의 현재 삶에서 가치가 없다고 여기기 때문이다.

멍하게 만드는 보호자가 비켜서는 것에 동의하고 나서 델리아가 버림받은 추방자에게 다시 접근하자마자 벽이 가로막아 그녀는 추방자를 볼 수도, 느낄 수도 없게 된다. 이제 그녀는 조급해지기 시작하고 그 벽을 지나쳐 가려고 애쓴다. 그러나 효과가 없다. 이것이 그녀를 좌절시킨다. 그녀는 벽 보호자에게 접근하여 만약 버림받은 추방자에게 접근할 수 있도록 허락하는 경우, 어떤 일이 일어날까 봐 두려워하는지 존중하는 자세로 물어보아야 한다. 그녀는 그 부분의 두려움뿐만 아니라 어릴 적에는 그것이 얼마나 타당하였는지를 인정할 필요가 있다. 그런 다음 벽 부분이 두려워하는 것은 지금 그녀의 삶에서는 일어나지 않을 거라고 안심시키라. 그리고 나서 그 부분에게 비켜서 달라고 요청할 수 있다.

만약 벽이 여전히 비켜서지 않으려 한다면 조급해하는 대신에 델리아는 시간을 내어 정말로 벽을 알아가며 신뢰관계를 발전시켜야 한다. 어쨌든 이것이 아마도 델리아의 삶에서 벽 부분이 활성화되는 유일한 상황은 아닐 것이므로 시간을 내어 그 부분과 작업하는 것이 앞으로의 IFS 작업에서 중요한 유익을 가져다줄 것이다. 사실 벽은 어느 모로 보나 버림받은 추방자만큼 중요하다. 그리고 멍하게 만드는 부분도 마찬가지다. 델리아가 조급해하는 부분과 섞여 있지 않을 경우에는 시간을 내어 등장하는 각 부분을 반갑게 맞아들이고 그 부분이 필요한 만큼 곁에 있을 것이다.

의제에 끌려가는 부분

당신이 참자아 상태에 있을 때는 회기가 어디로 가야 하는지에 대한 의제에 얽매이지 않는다. 하지만 당신은 중요한 문제를 해결하기 위해 부분들을 치유하고 변화시키고 싶어 하기 때문에 완전히 목표가 없는 상태로 있는 것은 아니다. 그러나 이 목표는 배경 속으로 물러나 있다. 당신은 IFS 프로세스와 참자아 및 부분들의 천부적인 치유력을 신뢰하고 있기에 특정한 방향으로 몰아가지는 않고 있는 것이다.

당신은 자신이 원하는 변화를 얻기 위해 어떤 것을 작업하여야 하는지 알고 있을 수 있다. 당신은 회기가 어디로 가야 하는지 혹은 어디로 갈 것인지 아이디어를 가지고 있다고 생각할 수 있다. 그러나 당신이 참자아 상태에 있다면 이 아이디어들에 얽매이지 않게 된다. 당신은 회기가 전혀 예상치 않은 방향으로 갈 수 있음을 인정한다. 사실 가장 최고의 IFS 회기는 전혀 뜻밖에 얻어진다. 결국 전혀 기대하지 않았던 부분들을 탐색하게 되며 새롭고 중요한 통찰을 발견하게 되는 것이다.

당신이 진정으로 참자아 상태에 있을 때는 자신이 선택한 출발점에서 시작하여 어떻게 펼쳐지는지 보는 것으로 만족한다. 회기 중에 때때로 어떤 부분에 초점을 맞출 것인지 결정할 필요가 있을 수는 있다. 그러나 어떤 일이 일어나야 한다는 경직된 생각에 영향을 받지는 않는다.

이것은 당신의 IFS 작업이 단지 이 부분 저 부분으로 왔다 갔다 해도 된다는 것을 의미하는 것은 아니다. 제2장에서 논의하였듯이 표적 부분을 택한 다음 당신이 그 부분과 작업을 계속할 수 있도록, 등장하는 다른 부분들에게 비켜서 달라고 하는 것은 도움이 된다. 그러나 만약 어떤 부분이 비켜서지 않으려 한다면 혹은 분명히 작업할 필요성이 있는 어떤 부분이 등장한다면 초점을 바꾸어도 괜찮다. 어떤 일이 있어도 원래의 표적 부분을 붙들고 있어야 한다는 생각에 빠져 있을 필요는 없는 것이다.

한편으로 참자아의 자연스러운 목표와 함께 회기를 제대로 운영하고자 하는 태도와 다른 한편으로 의제를 끝내려는 태도 사이에는 미묘한 차이가 있다. 그러므로 때로는 당신이 의제에 끌려가는 유사 참자아 부분과 언제 섞이게 되었는지를 알아채기가 쉽지는 않다.

의제에 끌려가는 부분이 장악하면 당신은 회기가 어디로 가야 하는지 알고 있고 어떻게든 그리 가려고 애쓴다. 당신은 다른 어떤 것이 더 중요하다는 징표를 무시하게 된다. 예를 들면 데일은 우울해하는 부분에 대해 작업하고 있었다. 정말로 우울증으로부터 해방되기를 원했기 때문이다. 우울해하는 부분을 알아가는 도중에 내면 비판자 부분이 계속 끼어들어 수치심을 불러일으켰다. 그러나 데일은 우울해하는 부분에 초점을 맞추고 있었기에 이 내면 비판자를 무시하였다. 그는 나중에 이 비판자가 자신의 삶에서 엄청나게 큰 문제를 야기하고 있으며 심지어 자신의 우울증에도 일부 책임이 있다는 것을 깨닫게 되었다. 이 경우에는 데일이 표적 부분을 바꾸어 비판자와 작업하는 것이 좋았을 것이다. 언제라도 다른 회기 때 그 우울해하는 부분으로 돌아올 수 있었기 때문이다.

의제에 끌려가는 부분과 섞여 있을 경우 당신은 마음 문을 열고 그 부분의 이야기를 들으려 하기보다는 보호자가 왜 그 역할을 하고 있는지 안다고 생각할 수 있다. 당신은 추방자에게서 듣고 알려 하기보다는 어릴 적에 어떤 일로 추방자가 상처를 입었는지 안다고 생각할 수 있다. 예를 들어 다니엘은 보호자와 작업하였고 자신이 보호하고 있는 추방자에게 접근할 수 있는 허락을 얻었다. 다니엘은 추방자에게 기분이 어떠냐고 물어보았고 추방자는 두렵다고 하였다. 다니엘은 즉각적으로 자기가 아버지에게서 많이 얻어맞은 것을 기억하였기 때문에 추방자가 얻어맞을까 봐 두려워하는 것이라 가정하였다. 그런 다음 이 학대 관련하여 추방자 재양육을 진행하였다.

다니엘은 의제에 끌려가는 부분과 섞여 있었고 따라서 회기가 나아갈 방향을 지시하느라 애쓰고 있었다. 그는 시간을 갖고 추방자에게 어떤 것을 두려워하는지 혹은 어릴 적에 어떤 일이 일어났기에 추방자가 그토록 두려워하는지 물어보아야 하였다. 그 부분은 아버지에게 맞은 부분과는 다른 추방자일 가능성도 있었다. 그리고 만약 다니엘이 좀 더 마음 문을 열고 IFS 프로세스를 따라갈 수 있었다면, 회기는 보다 더 열매 맺는 방향으로 진행될 수도 있었다.

만약 당신이 의제에 끌려가고 있다면 당신은 그 부분에게 묻지 않고서도 필요한 재양육이 어떤 것인지 안다고 생각할 수가 있다. 당신이 그 부분에게 필요할 거라 생각하는 것을 추방자에게 베풀려고 하는 경우 추방자는 정말로 그와는 다른 것을 필요로 할 수도 있기 때문에 효과가 없을 수 있다. 아버지에게 얻어맞은 다니엘의 추방자의 경우, 다니엘은 자기가 나서서 아버지와 싸움으로써 추방자를 보호하고 싶어 한다. 그러나 추방자는 다니엘이 아버지와 이야기를 나누고 아버지에게 자신을 더 이상 때리지 말고 자신의 이야기에 귀를 기울여 달라고 이야기해 주기를 바란다. 재양육 단계에서는 추방자가 원하는 바를 따라가는 것이 언제나 더 나은 치유 효과를 가져다준다.

데리고 나오기와 짐 내려놓기 단계에서도 동일하다. 추방자가 어떤 것을 필요로 하는지를 물어보기보다는 당신이 추방자에게 필요하다고 생각하는 데리고 나오기나 짐 내려놓기를 하려고 애쓸 수 있다.

의제에 끌려가는 부분의 입장에서 행동할 경우 다양한 문제로 이어진다. 어떤 부분은 더 이상 당신에게 이야기하지 않을 수 있다. 어떤 부분은 당신에게 화를 내거나 반항할 가능성도 있다. IFS 프로세스의 단계가 멈추어 버릴 수도 있다. 회기가 진행될 수는 있으나 따분하고 관계가 끊어진 느낌이 들게 된다(198쪽의 '치료를 흉내 내는 부분'을 보라.)

이러한 단서들을 살펴보라. 그리고 이것들이 감지되면 의제에 끌려가는 부분을 찾으라. 그리고 당신이 참자아 상태에 있도록 그 부분에게 비켜서 달라고 요청하라. 그러고 나서 시간을 갖고 IFS 프로세스가 자연스러운 치유 방식으로 펼쳐 나가도록 만들라.

치료사 노트

당신이 의제에 끌려가는 부분과 섞여 있는지 살펴보라. 치료사로서 우리는 내담자에게 어떤 일이 일어나고 있는지, 내담자들이 어떤 것을 보지 못하는지 깊이 알아가는 데 익숙하다. 이것은 한 회기 내에서의 촉진 방법을 결정하는 데 도움이 될 수는 있다. 그러나 내담자가 가지고 있는 저변 문제에 대한 당신의 해석에 얽매이지 않도록 하라. IFS 프로세스가 스스로 펼쳐 나가도록 만들라. 당신은 펼쳐지는 사건에 놀라게 된다. 당신은 IFS 프로세스에 경험이 있기 때문에 회기가 어디로 흘러갈지 아이디어를 갖고 있을 수 있다. 괜찮다. 그러나 그 부분이 실제로 가야 할 방향에 반드시 마음의 문을 열도록 하라. 우리 IFS 치료사가 내담자보다 작업에 대해 훨씬 많이 알고 있기는 하나 내담자들이 자신의 정신 세계에는 전문가들이다. 우리는 그들이 우리에게 이야기해 주는 것에만 의존해야 하지만, 그들은 내면에서 어떤 일이 일어나고 있는지 경험할 수 있기 때문이다. 당신의 의제가 매 순간 실제로 발생하는 사건과 프로세스의 다음 진행 방향에 대해 당신의 눈을 가리지 못하게 하라.

치료를 흉내 내는 부분

당신이 내면 비판자에 초점을 맞추는 IFS 회기를 진행하고 있다고 머릿속에 그리라. 참자아 상태에 있다면 비판자를 향하여 어떤 느낌이 드는가 체크한다(**참자아가 이끄는 소인격체 클리닉** 제6장을 보라). 당신은 그 부분에게 짜증이 나는 것을 깨닫는다. 그러나 당신은 참자아 상태로 있는 법을 안다고 생각한다. 당신은 관심을 갖고, 수용하여 마음을 열고 호기심을 갖는 자세를 가져야 한다는 것을 안다. 그래서 짜증스러워하는 부분에게 비켜서 달라고 하기보다 그냥 당신 안에 그러한 속성을 만들기 위해 애쓴다. 당신이 비판자를 알아가는 동안(**참자아가 이끄는 소인격체 클리닉** 제7장을 보라), 짜증스러워하는 부분이 다소 거리를 두는 것으로 보이지만 당신은 그것을 무시하고 비판자 알아가기를 계속한다. 당신은 비판자의 공격 뒤에 어떤 의도가 숨어 있는지 어렴풋이 알고 있다(당신이 더 힘들게 일하도록 애쓰고 있다). 그리고 정말로 비판자에 귀를 기울이지 않아도 그 부분이 그런 반응을 보이고 있다고 상상한다. 또한 비판자가 당신에게 어떻게 반응하고 있는지 체크도 하지 않는다.

그리고 나서 회기 후반부에 당신이 비판자가 보호하고 있는 추방자와 작업하기 위해 비판자에게 허락을 요청할 경우(**참자아가 이끄는 소**

인격체 클리닉 제10장을 보라), 으레 비판자는 허락한다고 상상한다. 모자란다는 느낌을 가지고 있는 추방자와 작업을 시작할 경우, 추방자가 다소 접근하기 어려운 것 같아 보이기는 하지만 당신은 그것으로 충분하다고 가정한다. 모자란다는 느낌을 갖도록 만든 어릴 적 사건을 보여달라고 추방자에게 요청할 때(참자아가 이끄는 소인격체 클리닉 제12장을 보라), 당신은 그 부분의 대답을 기다리기보다는 그 부분이 모자란다는 느낌을 갖도록 만들었을 가능성에 어떤 것이 있는지 어릴 적 기억을 더듬어 본다.

재양육 단계에 이르렀을 때(참자아가 이끄는 소인격체 클리닉 제13장을 보라), 당신은 그 부분이 실제로 필요한 것이 무엇인지 체크하기보다 서둘러 추방자를 돌본다(206쪽의 '내면 돌보미'를 보라). 추방자가 당신이 베풀고 있는 바를 받아들이고 있는지, 추방자가 어떻게 반응하고 있는지를 체크하지 않는다. 당신은 짐 내려

놓기 의식의 동작을 끝까지 진행하고는(참자아가 이끄는 소인격체 클리닉 제14장을 보라), 프로세스가 다소 밋밋하게 보이기는 하였지만 짐을 내려놓았다고 상상한다.

추방자가 치유되었으므로 비판자가 자신의 보호 역할을 이제 내려놓을 수 있는지 알아보려고 체크할 때 당신은 비판자가 그렇다고 대답할 거라고 가정한다. 회기의 모든 과정이 제대로 진행되어 가는 듯이 보이고 정말로 큰 느낌이 없었다는 사실은 무시한다.

다음 몇 주가 지나는 동안 비판자의 자기 비판 습관은 변하지 않는다. 이는 당신이 회기 동안에 정말로 참자아 상태에 있지 않았기 때문이다. 일어나는 사건을 감지하고 느끼기보다는 IFS 회기의 동작만을 끝까지 진행했던 것이다. 부분이 당신이 바라는 대로 하지 않을 때에도 당신은 (무의식적으로) 응당 그렇게 나올 것이라 믿고 흉내 내었다. 어떤 경우에는 당신이 알고 있는 반응이 반드시 나와야 한다고 상상하였다. 당신은 잘 진행하여 치료 목표에 도달하기 위한 노력의 일환으로, 혹은 치료사나 훈련 파트너를 기쁘게 하기 위해서 이렇게 한 것이다.

치료사 노트

통상적으로 치료를 흉내 내는 부분들을 내담자들이 자각하기는 어렵다. 특히 내담자는 종종 잘해 보려고 몰입하여 있는 상태이기 때문에 다른 어떤 것이 진행되고 있다는 사실을 받아들이기 어려울 수 있다. 따라서 당신은 치료를 흉내 내는 부분이 언제 작동하고 있는지를 인지하고 내담자에게 지적해 주어야 한다. 내담자는 아마도 당신을 기쁘게 해 주기 위해 잘하려고 열심히 노력하고 있으므로 비판하듯이 지적하지 않도록 주의하라.

지적하는 것 말고 다른 방법이 있다. 프로세스 단계마다 추방자의 반응을 가정하는 것이 아니라 내담자가 정말로 추방자에게 귀를 기울였는지 확인하기 위해, 그리고 내담자가 말로 그렇다고 한 감정을 추방자가 정말로 느끼고 있는지 확인하기 위해 내담자를 조심스럽게 체크하는 것이다. 작업을 흉내 내는 것이 아니라 진짜 IFS 작업을 하기 위해 이런 식으로 당신은 내담자를 훈련할 수 있다.

당신이 치료를 흉내 내는 부분과 섞여 있다는 것을 깨달으면 그 부분에게 비켜서 달라고 하라. 그런 다음 정말로 어떤 일이 일어나고 있는지 조심스럽게 주의를 기울이라. 참자아 상태로 들어가려고 애쓰지 마라. 단지 부분들에게 비켜서 달라고 하고는 그들이 거부하는지 혹은 비켜서지 않는지 눈여겨보라. 당신이 참자아 상태에 있는지 여부가 의심스럽다면 부분들에게 주의를 기울이라. 만약 어떤 부분이 거리를 두고 있는 듯이 보이거나 선명하게 보이지 않으면 어떤 일로 인해 이렇게 되었는지 잘 살펴보라. 당신이 실제로 부분들의 감정을 느끼고 있는지 확실히 하라.

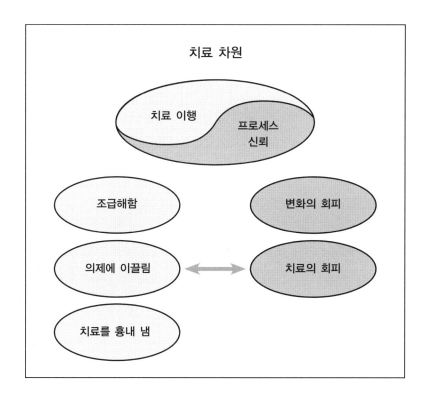

만약 이것으로 충분하지 않은 경우 단순히 비켜서 달라고 하기보다 치료를 흉내 내는 부분과 직접 작업해야 한다.

어떤 것이 거짓 치료를 하도록 그 부분을 이끌어 가고 있는지 알아 내라. 심지어 치료를 흉내 내는 부분에 대해 IFS 회기를 진행하고 싶을 수도 있다. 훌륭한 임상가가 되기 위해 매우 애쓰는 부분일 가능성도 있다. 당신의 치료사나 IFS 훈련 파트너를 기쁘게 해 주기 위해 애쓰는 비위를 맞춰 주는 부분일 가능성도 있다. 만약 배우자가 당신에게 치료를 받아 보라고 용기를 북돋워 주었다면 그 부분이 배우자를 기쁘게 하려고 애쓰는 부분일 가능성이 있다.

조급해하는 부분, 의제에 끌려가는 부분, 치료를 흉내 내는 부분은 모두 패턴 시스템[7]의 **치료 차원**에 속한 패턴들이다. 치료 차원은 부분들을 변화시킬 수 있는 건강한 역량을 보여주고 있다.

왼쪽 타원 안에 있는 세 패턴은 그 위에 있는 **치료 이행 역량**의 극단적인 형태이다. 이 역량은 내면 작업을 회피하기보다 이행하는 것이라 할 수 있다. 이 각각의 패턴은 치료 프로세스 이행의 역기능적 방식으로서 프로세스를 신뢰하기보다는 밀어 부치거나 거짓으로 모양만 취하는 것을 의미한다.

프로세스 신뢰 역량은 부분들을 변화시키기 위해 필요한 요소다. 이 역량에서는 IFS 치료 프로세스에 대한 신뢰가 포함된다. 당신은 충분한 시간을 갖고, 모든 부분을 수용하고 알아가며 그들과의 관계를 발전시킬 수 있음을 신뢰한다. 당신은 부분들이 어떤 방향으로 가도록

---

[7] 패턴 시스템은 당신의 성격을 이해하고 진단하는 체계적이며 종합적인 방식으로 저자가 개발하였다. 패턴 시스템에 대해서는 부록 C를 보라.

애쓰지 않아도 프로세스가 가야 할 필요가 있는 곳으로 안내할 것이라고 신뢰한다. 당신은 밀어 부치지 않아도 IFS 프로세스가 적당한 기간 내에 자신에게 변화를 가져다줄 것이라고 신뢰한다. 일이 기대하는 방식으로 진행되지 않을 경우에도 당신은 부분들로 하여금 '옳은 일'을 하도록 억지로 애쓰지 않는다. 그보다는 지금 일어나고 있는 일에 대해 호기심을 갖는다. 당신은 이것을 문제가 아니라 연구해 볼 만한 새로운 징표로 생각한다. 이 예상치 않은 사건은 당신이 가고 있는 방향만큼이나 탐색의 가치가 있다고 할 수 있다.

그림의 오른쪽에 있는 패턴, 즉 변화를 회피하는 패턴과 치료를 회피하는 패턴은 유사 참자아 부분들이 아니다. 그것들은 참자아가 이끄는 소인격체 클리닉 시리즈 후편에서 다룰 것이다.

신중한 부분과 자기긍휼

자신이 갖고 있는 고통을 보여준 추방자와 작업을 진행하고 있을 경우(참자아가 이끄는 소인격체 클리닉 제11장을 보라), 당신이 진정으로 참자아 상태에 있다면 추방자를 향해 긍휼의 마음을 갖게 된다. 긍휼은 고통을 겪고 있는 누군가에 대해—그것이 다른 사람이든, 자신의 추방자이든—마음에서 우러나오는 자연스러운 반응이다. 그것은 당신이 그 사람이나 추방자에 대해 신경을 쓰고 있으며 특히 추방자가 고통을 받고 있다는 사실에 신경을 쓰고 있음을 의미한다. 긍휼은 사랑의 한 형태로 볼 수 있는 것으로 친절을 베풀고자 하는 마음이다. 당신은 고통 가운데 있는 사람(혹은 부분)에 대한 사랑으로 마음 문을 열어놓는 것이다.

IFS 프로세스가 성공적이 되기 위해서는 보호자를 대했던 식으로 추방자에게 호기심과 열린 마음으로 대하는 것만으로는 충분치 않다. 추방자는 어마어마한 고통으로 가득 차 있을 수 있기 때문에 만약 당신으로부터 긍휼의 부드럽고 온화한 속성을 느끼지 못한다면 당신에게 마음 문을 열지 않을 수 있다. 긍휼 자체가 추방자 치유 과정의 일부라 할 수 있다.

당신은 추방자를 향하여 어떻게 느끼는지 체크할 때 때로는 무덤덤한 느낌만을 가질 수가 있다. 당신이 추방자와 분리되어 있기는 하지만 그 부분을 비판하거나 제거하고 싶은 것도 아니고, 그렇다고 특별히 돌보거나 관계 맺고 싶은 마음이 있는 것도 아니다. 추방자가 당신에게 어떤 고통도 아직 보여주지 않았다면 괜찮다. 그러나 추방자가 자신의 고통을 어느 정도 보여주었는데도 당신이 여전히 무덤덤한 느낌이라면 당신은 참자아 상태에 있는 것이 아니다. 추방자를 향하여 부정적인 느낌이 전혀 없으면 당신은 참자아 상태에 있다고 가정하기가 쉽다. 하지만 그렇지 않다. 당신은 추방자에게 마음 문을 여는 것에 대해 신중한 태도를 보이는 유사 참자아 부분과 섞여 있는 것이다. 그 부분은 추방자와 거리를 두거나 지적인 상태를 유지하고 싶어 한다. 당신이 참자아 상태에서 언제 이런 일이 발생하는지 감지하며 추방자에게 진정으로 마음 문을 열 때까지는 추방자와의 작업을 진행하지 않는 것이 매우 중요하다.

유사 참자아의 신중한 부분에게 긴장을 늦추도록 요청하고 당신의 자연스러운 관계성과 긍휼이 솟아나도록 하라. 만약 그것이 효과가 없으면 신중한 부분에게 한 걸음 물러서서 당신이 추방자를 위해 긍휼의 마음을 갖도록 하는 경우 어떤 일이 일어날까 봐 두려워하는지 물어보라. 종종 신중한 부분은 당신이 추방자의 고통에 의해 압도당하는 것이 두렵다고 할 것이다. 그 부분은 참자아가 곁에 있다는 사실을 깨닫지 못한다. 따라서 신중한 부분이 당신으로 하여금 정서적으로 열린 마음을 갖도록 만드는 경우, 과거처럼 당신이 추방자와 섞임으로써 그 고통에 압도당하게 될 거라고 생각하는 것이다.

긍휼(compassion)을 공감(empathy)과 혼동하지 않는 것이 중요하다. 공감은 다른 사람의 고통(혹은 추방자의 고통)이 울려 전달되는 공명을 의미한다. 긍휼은 고통 가운데 있는 사람을 향하여 사랑으로 친절을 베풀고자 하는 마음을 의미한다. 공감은 종종 긍휼의 마음으로 발전된다. 즉, 당신에게 어떤 사람의 고통이 울려 전달될 때 그(녀)에 대한 긍휼의 마음이 솟아날 가능성이 있다. 그러나 공감과 긍휼은 상당히 다른 경험이다.

신중한 부분은 만약 자신이 비켜서는 경우 당신이 추방자의 고통에 공감할 수는 있지만, 그 고통이 지나치게 강렬하면 문제가 될까 봐 두려워할 수 있다. 신중한 부분에게 만약 그 부분이 비켜선다면 당신이 참자아 상태가 되어 추방자에 대해 자연스러운 긍휼의 마음을 갖게 될 것이라고 설명한다. 당신은 추방자의 고통에 지나치게 끌려 들어가지는 않을 것이다. 만약 추방자가 자신의 감정으로 당신을 압도하기 시작한다면 당신이 추방자를 치유할 수 있도록 자신의 감정을 품고 있으라고 설득한다. 이것으로 아마도 신중한 부분은 긴장을 늦추더라도 안전하다고 생각할 것이다.

일단 신중한 부분이 뒤로 물러나면 당신이 이제 추방자에 대해 긍휼의 마음을 갖게 되었는지 체크하라. 그렇게 되었다면 당신은 아마도 참자아 상태가 되어 이제 치유자로서 추방자와의 작업을 진행할 수 있게 된다. 여전히 긍휼의 마음을 갖지 못하였다면 당신의 긍휼히 여기는 마음을 가로막는 또 다른 신중한 부분이나 보호자가 있는지 체크하라. 때로는 신중한 부분이 긍휼의 마음을 가로막는다. 왜냐하면 당신이 긍휼의 마음을 가질 경우, 부드러워 상처받기 쉬운 상태가 될 것을 두려워하기 때문이다. 신중한 부분은 온화한 정서는 약함의 상징이라고 생각한다. 참자아는 강한 동시에 긍휼의 마음을 갖고 있기 때문에 신중한 부분이 비켜서서 당신이 참자아 상태로 있게 하는 것이 안전하다고 신중한 부분을 안심시킨다. 만약 당신이 위험한 상황에 처했다고 생각할 경우 당신을 보호하기 위해 신중한 부분이 다시 뛰어들 수 있다고도 이야기해 준다. 아마도 이렇게까지 할 필요는 없겠지만 최소한 신중한 부분이 뒤로 물러설지라도 괜찮겠다는 느낌을 줄 수는 있을 것이다.

내면 돌보미

신중한 부분의 반대는 당신의 추방자를 돌보는 데 지나치게 몰입하고 있는 부분이라 할 수 있는 내면 돌보미이다. 참자아가 추방자를 돌보는 것이 중요하면서 자연스럽기 때문에 당신이 내면 돌보미와 섞여 있을 때는 자신이 참자아 상태인 것으로 착각하기 쉽다. 당신은 이렇게 물어볼 수 있다. 내 추방자를 돌보는 것에 잘못된 것이 있다면 어떤 것인가? 왜 돌보는 것이 참자아로부터 오고 있지 않다고 하는가? 참자아와 내면 돌보미를 어떻게 구별할 수 있는가? 여기 그 방법을 소개한다.

목격하기 단계에서는(참자아가 이끄는 소인격체 클리닉 제12장을 보라) 추방자에게 고통을 야기하는 어릴 적 사건을 충분히 목격하는 것이 중요하다. 이것은 추방자의 마음을 열어 주게 되어 IFS 프로세스 다음 단계에서 치유가 일어날 수 있도록 도와준다. 그러나 때로는 목격하기가 끝나기도 전에, 때로는 심지어 목격하기가 시작하기도 전에 추방자를 돌보기 위해 돌보미 부분이 끼어든다.

어떻게 이런 일이 일어날 수 있는지 보자. 재니는 사랑과 돌봄을 빼앗긴 추방자와 작업하고 있었다. 그녀는 이 박탈당한 추방자에게 접근하여 어릴 적에 어떻게 박탈당하였는지 보여달라고 하였다. 추방자는 재니에게 어떻게 엄마가 냉정하게 대하였고 거리를 두었는지 보여주기 시작하였다. 그때 재니는 박탈당한 방식을 이해하기도 전에, 특히 정말로 추방자의 고통을 느끼기도 전에 뛰어들어 추방자를 보듬고 돌보기 시작하였다.

추방자는 목격하기가 진행되는 동안 자신에 대해 갖고 있는 당신의 긍휼히 여기는 마음을 느낄 필요가 있다. 그리고 추방자가 마음의 문을 열어도 안전하다고 느끼도록 당신의 돌봄과 긍휼의 마음을 직접 추방자에게 전달하는 것은 좋은 태도이다. 때로는 추방자가 안전감을 갖고 당신과 관계를 맺고 있다고 느낄 수 있도록 목격하기를 진행하기도 전에 직접적인 양육이 필요할 수도 있다. 그러나 이 같은 돌봄이 목격하기를 대신해서는 안 된다. 재니의 내면 돌보미는 목격하기가 끝나기도 전에 재양육을 시작하기 위해 뛰어들었다. 그 결과 목격하기가 충분히 이루어지지 않았기 때문에 박탈당한 추방자는 재양육하기, 데리고 나오기, 짐 내려놓기가 뒤따를 수 있을 정도로 충분히 마음의 문을 열지 못하였다. 결국 추방자는 충분히 치유가 되지 못하였다.

일단 당신이 추방자에 대해 돌봄을 배풀고 추방자가 당신에 대해 편한 느낌을 갖는다면 어릴 적에 어떤 사건이 일어났는지 이해하며 그의 고통을 목격할 수 있도록 질문한다. 추방자가 자신의 고통과 상처의 원천에 대해 보여주고 싶어 하는 모든 것을 다 보여주기까지는 다음 단계인 재양육하기로 진행하지 않는다. 만약 당신이 추방자의 고통을 목격하기보다 추방자를 양육하고 싶어 한다는 사실을 알아냈다면 당신은 아마도 추방자의 고통을 참아낼 수 없어 그 고통을 없애고자 하는 내면 돌보미와 섞여 있을 것이다. 이것은 참자아가 아니라 유사 참자아 부분인 것이다.

이 같은 현상은 재양육 단계에서도 일어날 수 있다(**참자아가 이끄는 소인격체 클리닉** 제13장을 보라). 일단 (참자아 상태의) 당신이 다시 상상 가운데서 추방자가 상처를 받았던 원래의 장면으로 들어갔다면 치유를 위해 당신에게서 어떤 것이 필요한지 추방자에게 물어본다. 그러나 때로는 당신이 실제로 추방자의 치유를 위해 어떤 것이 필요한지 알아내기도 전에 추방자에 대한 양육을 시작한다. 이것도 또한 참자아가 아닌 유사 참자아 내면 돌보미로부터 오는 것이다. 이것은 잘 못된 방향의 재양육으로 귀결될 수 있다. 여기서는 당신을 추방자가 실제로 치유를 위해 필요한 것이 아니라 추방자가 필요할 거라고 생 각하는 것을 추방자에게 베풀게 된다.

신중한 패턴과 내면 돌보미 패턴은 패턴 시스템의 내면 돌봄 차원에 서 서로 반대되는 두 개의 패턴이다(아래 그림을 보라).

내면 돌보미는 자기긍휼의 극단적인 형태다. 프로세스 신뢰 역량은 내면 돌보미를 변화시킨다. 변화는 곧바로 돌봄으로 달려가기보다 긴 장의 늦춤과 IFS 프로세스에 대한 신뢰를 포함한다. 신중한 패턴은 프 로세스 신뢰의 극단적인 형태다. 신중한 패턴에서는 당신이 무덤덤한 느낌을 갖고 있기 때문에 IFS 프로세스를 따라 흘러간다고 생각할 수 도 있으나 사실은 신중한 부분에 의해 점령당한 것이다. 물론 자기긍 휼이 신중한 패턴을 변화시킨다.

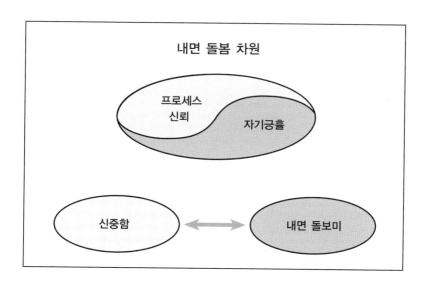

당신 자신의 이미지 보기

당신이 유사 참자아 부분과 섞여 있는지 구별할 수 있는 또 하나의 방법을 소개한다. 만약 추방자를 재양육하는 이미지가 보인다면 참자아 상태가 아니다. 참자아는 내면 목격자이다. 참자아는 보는 주체이지 보이는 객체가 아니다. 만약 당신이 참자아 상태로 어릴 적 장면 가운데 있다면 참자아의 이미지를 보지 못한다. 참자아가 갖고 있는 내면의 눈으로 보게 된다. 당신은 그 장면 가운데 어디 있든지 좋은 관망 위치에서 어릴 적 장면을 볼 것이다.

따라서 만약 참자아로 여겨지는 이미지가 보인다면 그것은 참자아가 아니다. 유사 참자아 부분인 것이다. 그런 현상이 나타나면 그 부분에게 비켜서서 당신이 참자아로서 그 장면에 들어가도록 허락할 용의가 있는지 물어보라. 만약 주저할 경우 추방자를 돌봄으로써 어떤 것을 성취하려고 애쓰고 있는지 물어보라. 자신이 추방자의 고통을 참을 수 없어 가능한 한 빨리 고통을 해소시켜야겠다고 이야기할지 모른다. 이 경우 그 부분에게 추방자의 고통을 느낄 필요가 없는 곳으로 비켜서 보라고 이야기함으로써 당신은 추방자를 돌볼 수 있을 뿐만 아니라 고통으로부터 해방될 수 있게 된다.

이 유사 참자아 부분은 내면 돌보미일 가능성이 있으나 또 다른 유형의 유사 참자아 부분, 아마도 신중한 부분일 수도 있다. 그 부분에게 어떤 것을 성취하려고 애쓰는지 물어봄으로써 그 부분이 어떤 유형의 유사 참자아 부분인지 그리고 그 부분의 두려움이 어떤 것인지 알아낼 수 있다. 그러고 나서 당신은 그 부분을 안심시키고 비켜서도록 설득한 다음 추방자를 재양육시킨다.

참자아의 임계 질량

유사 참자아 부분들을 찾아내는 것이 매우 중요하기는 하지만 그 부분에 대해 지나치게 엄격한 잣대를 들이대지는 않도록 한다. IFS 작업을 성공시키기 위해서 백 퍼센트 참자아 상태일 필요는 없다. 당신에게 임계 질량만큼의 참자아만 있으면 된다. 따라서 유사 참자아 부분을 찾아냈다 하더라도 그 부분은 성공적인 프로세스가 되기에 충분한 참자아와 섞여 있을 수 있다. IFS 프로세스를 방해할 때만이 유사 참자아 부분이 문제가 된다.

연습 : 유사 참자아 부분

이 장에서 다루었던 유사 참자아 부분들의 유형을 복습하자. 이러한 설명 중에서 당신에게 해당되는 부분이 하나라도 있는가? 만약 그렇다면 그 부분이 긴장을 늦추고 당신이 참자아 상태에서 IFS 회기를 진행하도록 허용할 경우 어떤 일이 일어날까 봐 두려워하는지 물어보라. 다음 번에 회기를 진행할 때 참자아가 아닌 유사 참자아 부분이 등장하는지 살펴보라. 만일 파트너나 치료사와 작업하고 있다면 그(녀)에게 이 부분이 등장하는지 잘 살펴보라고 하라. 만약 유사 참자아 부분이 장악하는 경우 회기가 성공할 수 있도록 비켜서 달라고 요청하라.

당신에게 어떤 유형의 유사 참자아 부분이 있는가? ＿＿＿＿＿＿＿
＿＿＿＿＿＿＿＿＿＿＿＿＿＿＿＿＿＿＿＿＿＿＿＿＿＿＿＿＿＿

어떤 것을 두려워하였기에 그 부분이 장악하게 되었는가? _____
_____

당신이 회기를 진행하였을 때 그 부분이 나타났는가? _____

그 부분이 기꺼이 비켜섰는가? _____
_____

만약 그 부분이 비켜설 용의가 없다면 그 부분에 대해 IFS 회기를 진행한다. 그리고 당신이 그 부분을 변화시킬 수 있는지 본다. 만약 당신에게 유사 참자아 부분이 한 가지 이상이 있다고 생각되면 각각에 대해 프로세스를 진행한다.

당신은 그 부분을 변화시킬 수 있었는가? 그렇다면 어떤 일이 일어났는가? _____
_____
_____

이 장에서는 다음과 같은 유형의 유사 참자아 부분을 논의하였다.

- 지배적인 유사 참자아 부분
- 교묘하게 비판적인 부분
- 논리 추구자
- 조급해하는 부분
- 의제에 끌려가는 부분
- 치료를 흉내 내는 부분
- 신중한 부분과 자기긍휼

• 내면 돌보미

이 외에도 많이 있다. 이들 중의 어느 한 부분이라도 IFS 프로세스를 지연시킬 수 있기 때문에 주의 깊게 살펴본다.

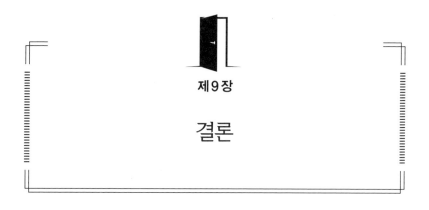

제9장

결론

이책을 통해 당신 자신이나 내담자의 심리적 문제를 변화시킬 수 있도록 IFS 사용 능력이 향상되었기를 바란다. IFS 작업의 매뉴얼인 **참자아가 이끄는 소인격체 클리닉**의 자매서로서 곁에 가까이 두고 사용하라. 여러 장에 걸쳐 소개된 조견표는 특히 유용할 것이다. 당신이 처음으로 각 유형의 IFS 프로세스 진행법을 배우는 단계라면 조견표를 따르도록 하라.

IFS는 개인적으로뿐만 아니라 전문직이라는 측면에서도 저자의 삶을 변화시켰다. 또한 내담자들과 교육생들에게도 놀라운 변화를 가져다주었다. IFS 프로세스에 참여한 사람들은 자신들을 이해하고, 자신들의 부분을 치유하며, 자신들의 행동을 변화시킴에 있어서 짧은 시간 안에 엄청난 진전을 경험하였다. IFS는 당신에게도, 만약 당신이 전문상담가라면 당신의 내담자에게도, 동일한 변화를 가져다줄 수 있을 것이다.

후속 학습

아직도 참자아가 이끄는 소인격체 클리닉 제2권에 싣지 못한 학습 내용들이 많이 있다. 저자는 참자아가 이끄는 소인격체 클리닉의 속편을 지속적으로 출판할 생각이다. 이 책 다음에는 뒤로 미루기, 섭식 문제, 내면 비판자, 우울증, 완벽주의, 수동 공격적 패턴, 희생 패턴과 같은 여러 가지 심리적인 문제들의 IFS 해결 방법을 소개하는 제3권이 나올 것이다. 후속 도서에서는 분노와 갈등, 추방자 작업의 고급 기법을 비롯하여 치료사 및 다른 도움 전문가들이 관심을 갖는 기법과 통찰을 다룰 것이다.

만약 당신이 안전하고 관계가 형성된 그룹 안에서 이 책과 본 시리즈에 속한 다른 책에 실린 내용을 경험적으로 배우고 싶으면, 영상회의로 교육하는 저자의 고급 IFS 반 등록을 고려해 보라. 이 교육반에서는 그룹 훈련 및 교육반 자원자들과의 IFS 데모 회기를 경험한다. 또한 다른 교육생들과 짝지어 IFS 회기를 연습하는 숙제도 있다. 이 교육반은 치료사들과 일반 대중 모두를 위한 것이며, 흉금을 털어놓는 참가자 공동체 안에서 개인적인 성장 및 전문적인 학습을 진행해 나가기 때문에 흥미를 더해 준다. 이것 자체만으로도 성장을 촉진시켜 준다. 치료사들과 코치에게는 이 교육반을 통해 살아 숨쉬는 IFS 전문가 공동체의 일부가 될 수 있는 기회를 제공한다. 자세한 것은 웹사이트(http : //personal-growth-programs.com/advanced-ongoing-ifs-class)를 보라. IFS에 대한 학습을 위해서는 부록 D에 수록된 참고자료를 보라.

참자아가 이끄는 소인격체 클리닉
조견표

참자아가 이끄는 소인격체 클리닉에서 다루었던 IFS 작업 순서의 단계들을 요약하여 쉽게 참조할 수 있게 하였다.

1. 보호자 알아가기

P1 : 부분에게 접근하기

만약 부분이 활성화되지 않았다면 그 부분이 활성화되었던 최근 상황 가운데 당신 자신이 처해 있다고 머릿속에 그리라.

당신 몸 안에 있는 그 부분을 느껴 보거나 그 부분의 이미지를 떠올리라.

P2 : 표적 부분 분리시키기

당신이 지금 부분의 감정으로 충전되어 있거나 부분의 신념에 붙들려 있는지 체크하라. 만약 그렇다면 당신은 섞여 있는 것이다.

지금 표적 부분을 향하여 어떤 느낌이 드는지 체크하라. 만약 이야기를 할 수 없으면 당신은 섞여 있을지 모른다.

만약 당신이 표적 부분과 섞여 있다면 분리시키는 몇 가지 방법을 소개한다.

- 그 부분을 알아갈 수 있도록 그 부분이 당신에게서 분리되어 달라고 요청한다.
- 그 부분에게서 분리되기 위해 내면적으로 뒤로 물러난다.
- 그 부분이 당신에게서 거리를 두고 있는 이미지를 떠올린다. 혹은 부분을 그린다.
- 그 부분을 격리시키기 위해 부분이 방 안에 있는 모습을 머릿속에 그린다.
- 중심 잡기/마음 가라앉히기 명상을 짧게 한다.

부분이 분리되지 않으면 분리될 경우 어떤 일이 일어날까 봐 두려워하는지 물어보라. 분리됨의 가치를 부분에게 설명하고 그를 안심시키라.

P3 : 염려하는 부분들 분리시키기

지금 표적 부분을 향하여 어떤 느낌이 드는지 체크해 보라.

만약 당신이 긍휼의 마음과 호기심이 느껴지면 당신은 참자아 상태에 있는 것이다. 따라서 P4로 진행할 수 있다. 그런 느낌이 없으면 염려하는 부분을 분리시키라.

- 열린 마음으로 표적 부분을 알아갈 수 있도록 잠깐만 비켜설(혹은 긴장을 늦출) 용의가 있는지 염려하는 부분에게 물어보라.
- 그럴 용의가 있다면 다시 표적 부분을 향하여 어떤 느낌이 드는지 체크하라. 그리고 반복하라.
- 비켜설 용의가 없다면 비켜서는 것의 가치를 그 부분에게 설명하라.
- 여전히 비켜설 용의가 없는 경우 비켜선다면 어떤 일이 일어날까 봐 두려워하는지 물어보라.
- 여전히 비켜설 용의가 없다면 염려하는 부분을 표적 부분으로 삼고 작업하라.

P4 : 보호자의 역할 발견하기

보호자에게 자신에 대해 이야기해 달라고 하라.

그 부분은 말로, 이미지로, 신체 감각으로, 감정으로 혹은 직관으로 대답할 수 있다.

다음과 같은 질문이 가능하다.

- 어떤 느낌이 듭니까?
- 어떤 것이 염려가 됩니까?
- 당신의 역할은 무엇입니까? 이 역할을 수행하기 위해서 어떤 일

을 합니까?

- 이 역할을 수행함으로써 어떤 것을 성취하고 싶어 합니까?
- 만약 당신이 이 일을 하지 않는다면 어떤 일이 일어날까 봐 두렵습니까?

P5 : 보호자와 신뢰관계 발전시키기

보호자에게 다음과 같이 말함으로써 (정말이라면) 신뢰를 키울 수 있다.

- 당신이 왜 그 역할을 하는지 이해합니다.
- 나를 대신하여 애쓰는 당신의 노력에 감사합니다.
- 당신이 지금까지 매우 열심히 일해 온 것으로 압니다.

2. 추방자와의 작업을 위해 허락 얻기

필요하면 보호자에게 추방자를 보여달라고 요청하라.

추방자를 알아갈 수 있도록 그의 허락을 구하라.

만약 그 부분이 허락해 주지 않으려 하는 경우 당신이 추방자에게 접근한다면 어떤 일이 일어날까 봐 두려워하는지 물어보라.

다음과 같은 가능성이 있다.

- 추방자가 너무 많은 고통을 겪고 있다. 당신은 고통 가운데로 뛰

어들지 않고 참자아 상태를 유지하며 추방자를 알아가겠다고 설
명하라.

- 고통 가운데로 들어가 봤자 무엇 하겠는가? 당신이 추방자를 치
  유할 수 있는 것이 중요함을 설명하라.
- 보호자가 아무런 역할을 하지 않게 되어 제거될 것이다. 보호자
  가 당신의 정신 세계에서 새로운 역할을 선택할 수 있음을 설명
  하라.

3. 추방자 알아가기

E1 : 추방자에게 접근하기

추방자의 정서를 감지하거나 몸 안에서 그 부분을 느끼거나 그 부분
의 이미지를 떠올리라.

E2 : 추방자 분리시키기

만약 당신이 추방자와 섞여 있다면

- 당신이 곁에 있어 줄 수 있도록 추방자의 감정을 품고 있어 달라
  고 요청하라.
- 의식적으로 추방자로부터 분리되어 참자아로 되돌아가라.
- 당신과 거리를 두고 있는 추방자의 이미지를 떠올리라.
- 중심 잡기/마음 가라앉히기 유도 작업을 하라.

만약 추방자가 자신의 감정을 품으려 하지 않는다면

- 만약 품는다면 어떤 일이 일어날까 봐 두려워하는지 물어보라.
- 당신은 정말로 추방자의 감정과 이야기를 목격하고 싶은데, 그러기 위해서는 분리될 필요가 있음을 설명하라.

의식적인 섞임 : 만약 당신이 그 부분을 견딜 수 있다면 추방자의 고통을 느껴 보라.

E3 : 염려하는 부분 분리시키기

추방자를 향하여 어떤 느낌이 드는지 체크하라.

만약 당신이 참자아 상태에 있지 않거나 긍휼의 마음이 느껴지지 않는다면 염려하는 부분들을 분리시키라. 그 부분들은 보통 당신이 추방자의 고통에 압도당하거나 추방자가 장악하는 것을 두려워한다.

당신이 참자아 상태를 유지하며 추방자가 압도하지 못하게 하겠다고 이야기하라.

E4 : 추방자에 대해 알아보기

다음과 같이 물어보라 : 어떤 느낌이 드는가? 어떤 것이 당신으로 하여금 그토록 무서운 느낌, 상처받는 느낌(혹은 그 밖의 느낌)을 주는가?

E5 : 추방자와 신뢰관계 발전시키기

당신이 추방자의 이야기를 듣고 싶다고 이야기하라.

당신이 추방자를 향하여 긍휼과 돌봄의 마음을 갖고 있다고 이야기하라.

추방자가 당신이 곁에 있다는 것을 감지하는지 체크하고 추방자가 당신의 긍휼의 마음을 받아들이고 있는지 살피라.

4. 어릴 적 기억에 접근하고 목격하기

추방자가 어릴 적에 지금과 같은 느낌을 가졌을 때의 이미지나 기억을 당신에게 보여달라고 요청하라.

추방자에게 어떻게 이 기억이 그런 느낌을 갖도록 만들었는지 물어보라.

추방자가 자신이 드러내 놓고 싶어 하는 모든 것을 확실히 보여주었는지 체크하라.

목격한 후에 그 당시 추방자가 얼마나 기분이 나빴겠는지 당신이 이해하게 되었다는 것을 믿는지 체크하라.

5. 추방자를 재양육하기

(참자아로서의) 당신이 어릴 적 상황으로 들어가 추방자를 치유하기 위해서나 일어났던 사건을 바꾸기 위해서는 어떤 것이 필요한지 추방자에게 물어보라. 그리고 나서 당신의 내면 상상을 통해 추방자에게

그것을 제공하라.

추방자가 재양육에 어떻게 반응하고 있는지 체크하라.

만약 그 부분이 당신을 감지하지 못하거나 당신의 돌봄을 받아들이고 있지 않다면, 그 이유를 물어보고 그에 대해 작업하라.

6. 추방자를 데리고 나오기

추방자가 필요로 할 만한 것들 중 하나는 그 부분을 어릴 적 상황으로 부터 데리고 나와 안전하고 편한 느낌이 들 수 있는 곳으로 데리고 가는 것이다.

당신은 그 부분을 현재 삶 가운데 어딘가, 혹은 당신의 몸, 혹은 상상의 장소로 데리고 갈 수 있다.

7. 추방자의 짐 내려놓기

추방자가 짊어지고 있는 짐(고통스러운 감정 혹은 부정적인 신념)에 이름을 붙이라.

그 부분이 짐을 내려놓고 싶어 하는지, 그렇게 할 준비가 되어 있는지 추방자에게 물어보라.

그 부분이 원치 않는 경우, 만약 그 부분이 짐들을 내려놓으면 어떤 일이 일어날까 봐 두려워하는지 물어보라.

추방자는 자신의 몸 안에 혹은 위에 어떻게 짐을 짊어지고 있는가?

추방자는 그 짐들을 어디에다 내려놓고 싶어 하는가?

빛, 물, 바람, 흙, 불 혹은 그 밖의 어떤 것

일단 짐들이 사라지면 추방자 안에 어떤 긍정적인 속성이나 감정이 솟아나는지 살피라.

8. 보호적인 역할 내려놓기

보호자가 추방자의 변화를 자각하고 있는지 체크하라.

만약 자각하고 있지 못하다면 추방자를 보호자에게 소개하라.

보호자가 이제 자신의 보호적인 역할이 더 이상 필요치 않다는 사실을 깨달았는지 보라.

보호자는 이제 당신의 정신 세계에서 새로운 역할을 선택할 수 있다.

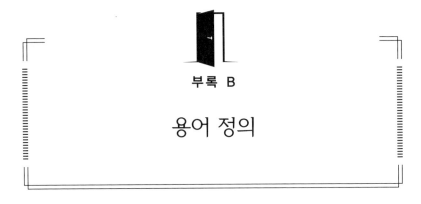

용어 정의

건강한 역할 짐도 없고 보호할 추방자도 없을 때 부분이 가진 자연스러운 건설 적인 기능의 역할

건강한 부분 건강한 역할을 하는 부분

고착성 패턴 당신이 표적 부분에 초점을 맞추고 있는 동안에 등장하는 어떤 부 분도 무시하는 부분

과거 기억으로부터 벗어나기 보호자가 어릴 적보다 당신이 능력 있고 독립적인 성인이고, 의존적이며 상처 입기 쉬운 아이가 아니며 더 많은 외부 자원을 가지고 있다고 보도록 하는 IFS 기법

공감 누군가의 감정이나 부분의 감정과 공명하는 것

극단적인 역할 부분이 과거로부터 짐을 짊어지고 있거나 보호자가 추방자를 보호하려고 애쓰고 있기 때문에 역기능적이거나 문제가 있는 역할

극단적인 부분 극단적인 역할을 갖고 있는 부분

긍정적인 의도 부분이 가지고 있는 저변의 목적이나 의도. 이 부분은 비록 역 할의 결과가 부정적이더라도 당신을 돕거나 보호하려는 의도에서 자신의 역할을 수행하고 있다.

긍휼 고통 가운데 있는 누군가(혹은 부분)를 향하여 사랑의 마음으로 친절을 베풀고자 하는 감정

꼭두각시-조종자 패턴 당신이 IFS 작업으로 진행해 나갈 수 없도록 흐름을 계속해서 방해하기 위해 다른 부분들을 지휘하는 부분

내면 대화 내면적으로 부분들이 서로 이야기하는 양극화 해소 대화의 한 형태

내면 돌보미 추방자들의 고통을 참아낼 수 없기 때문에 당신의 추방자들을 서둘러 돌보려고 애쓰는 부분

내면 비판자 당신을 비판하고, 모욕하며, 공격하고, 밀어 부치거나, 의심하는 보호자

데리고 나오기 참자아가 추방자를 해로운 어릴 적 상황으로부터 데리고 나와 안전하고 편안한 곳으로 데리고 가는 IFS 프로세스 단계

논리 추구자 질문을 하고, 부분들의 대답에 귀를 기울이는 것이 아니라 논리적으로 그들을 알아가려고 애쓰는 부분. 이 부분은 순전히 자신의 지적 능력으로 문제를 해결하려고 애쓴다.

목격하기 참자아가 부분이 떠맡은 짐에 대한 어릴 적 기억을 목격하는 IFS 프로세스 단계

보호자 당신 안에 솟아오르는 고통을 가로막거나, 당신의 현재 삶에서 상처 주는 사건이나 고통스러운 관계로부터 당신을 보호하기 위해 애쓰는 부분

부분 자신만의 감정, 인식, 신념, 동기 및 기억을 갖고 있는 하위 인격체

부분에게 접근하기 IFS를 사용하여 부분과 작업할 수 있도록 이미지, 정서, 신체 감각, 혹은 내면 대화를 통해 경험적으로 한 부분에게 초점을 맞추는 것

부분의 활성화 당신의 감정과 행동에 영향을 줄 정도로 한 부분이 상황이나 사람에 의해 자극 받는 것

분리시키기 당신이 참자아 상태로 있도록 당신과 섞여 있는 부분으로부터 분리되어 나오는 것

분산성 패턴 아무런 결정을 하지 않은 채 등장하는 모든 새로운 부분을 따라가는 부분

비판적인 부분 다른 사람들이나 당신 자신의 부분들에게 비판적인 부분

섞임 당신이 그 부분의 감정을 느끼고, 그 부분의 태도가 진실임을 믿으며 그 부분의 충동에 따라 행동할 정도로 한 부분이 당신의 의식을 장악한 상황. 섞임은 활성화보다 극단적인 형태이다.

소방관 당신을 고통으로부터 주의를 분산시키거나 고통을 마비시키기 위해 추방자의 고통이 올라오기 시작할 때 충동적으로 뛰어드는 일종의 보호자

시작점 하나 이상의 부분들을 포함하는 심리적인 문제. 이것을 따라감으로써 치유를 향해 나아간다.

신중한 부분 추방자의 고통을 두려워하기 때문에 당신이 추방자에 대해 긍휼의 마음을 가질 수 없도록 신중하게 만드는 부분

양극화 해소 대화 둘 이상의 부분들 사이에서 각 부분이 상대방의 관점을 듣고 자신들의 양극화를 해소하기 위하여 진심으로 애쓰는 대화

양극화 당신이 어떻게 행동하고 느끼는가에 대해 두 부분이 갈등 가운데 있는 상황

어릴 적 기억 추방자로 하여금 짐을 떠맡도록 만든 충분한 고통이나 정신적 외상을 만들어 낸 어릴 적 사건이나 관계

역할 부분이 당신을 돕기 위해 수행하는 임무. 부분은 일차적으로는 내면적이지만, 사람과 교류하고 세상에서 행동하는 방식을 포함할 수도 있다.

염려하는 부분 표적 부분을 향하여 비판하거나 화가 난 느낌을 가진 부분. 당신이 염려하는 부분과 섞여 있을 때는 참자아 상태에 있는 것이 아니다.

외부 대화 직접 접근을 사용하여 행해진 양극화 해소 대화. 여기서 당신은 부분별로 다른 의자에 앉아 부분으로서 이야기한다.

유사 참자아 부분 자신이 참자아라고 생각하는 부분. 이 같은 부분과 섞여 있을 때는 당신이 참자아 상태에 있다고 생각하며 당신이 섞여 있는 부분의 한계를 인식하지 못한다.

음식 통제자 과식에 대해 염려하고 있는 내면 통제자

의제에 끌려가는 부분 IFS 회기가 거쳐 가야 할 단계적 의제를 갖고 있으며,

IFS 프로세스로 흘러가지 않고 그 의제에 붙들려 있는 부분

재양육 추방자가 정서교정 경험을 할 수 있도록 참자아가 추방자가 필요로 하는 것을 베푸는 IFS 프로세스 단계

조급해하는 부분 IFS 프로세스를 신뢰하지 못하고 IFS를 서두르며 밀어 부치려 애쓰는 부분

지배적인 유사 참자아 부분 당신 삶에서 거의 항상 활성화되어 있으며 당신의 정신 세계를 이끌어 가는 부분. 그 부분은 자신이 당신이라고 믿고 있다.

직접 접근 치료사가 부분에게 직접 이야기하고 내담자는 부분과 섞여 부분으로서 치료사에게 대답하는 IFS 치료의 한 형태. 이것은 또한 당신이 처음에는 한 부분과 섞이고 다음에는 다른 부분과 섞이면서 서로에게 이야기하는 두 부분일 수 있다.

짐 통상 어릴 적에 있었던 과거의 해로운 상황이나 관계로 인하여 한 부분이 떠맡은 자신이나 세상에 대한 고통스러운 정서나 부정적인 신념

짐 내려놓기 참자아가 내면 의식을 통해 추방자가 짐을 내려놓도록 돕는 IFS 프로세스 단계

참자아 진정한 자신이며, 영적 중심 및 사건의 관찰자가 되는 당신의 핵심적인 측면. 참자아는 극단적인 역할을 하는 부분들과 섞이지 않을 때의 당신의 모습이다. 참자아는 긴장을 늦추고 마음을 열고 당신 자신과 다른 사람들을 수용한다. 참자아는 호기심과 긍휼의 마음을 가지며, 침착하고, 다른 사람 및 당신의 부분들과 관계를 맺는 것에 관심을 갖고 있다.

참자아 리더십 당신 삶에서 의사 결정을 하고 행동으로 옮기기 위해 부분들이 참자아 상태에 있는 당신을 신뢰하는 상황

추방자 과거로부터 고통을 짊어지고 있는 어린아이 부분

치료를 흉내 내는 부분 걸림돌을 인정하며 해결해 나가지 않고 회기 진행을 속임으로써 좋은 IFS 내담자가 되려고 애쓰는 부분

표적 부분 지금 이 순간 작업하기 위해 당신이 초점을 맞추고 있는 부분

흐릿한 부분 당신 자신, 당신의 사고 프로세스 및 당신의 몸과의 연결에 대한 의식적 자각을 잃게 만드는 부분. 당신은 멍하거나, 졸리거나, 둔하거나, 혼돈스럽거나, 압도되는 느낌이 들 수 있다.

패턴 시스템

저자가 개발한 패턴 시스템은 심리치유와 개인 성장을 위해 인격을 이해하고 진단하는 종합 방식이다. 패턴 시스템은 또한 다음의 질문에 답해 줌으로써 다른 사람들을 이해할 수 있게 해 준다. 왜 사람들은 이처럼 반응하는가, 어떤 것이 그들을 움직이게 하는가? 패턴 시스템은 다른 성격 시스템보다 당신을 한층 더 자세히 이해할 수 있게 해 준다.

일단 패턴 시스템을 이해하고 그 모델에 따라 당신을 탐구하였다면 당신은 자신의 정신 세계에 대한 종합적인 지도를 갖게 된다. 그러므로 당신은 다음과 같은 점을 파악할 수 있을 것이다.

* 당신의 강점
* 당신의 방어 심리
* 어떤 것이 당신의 행동을 좌우하는가
* 왜 당신은 자신에 대해 언짢은 느낌을 갖는가
* 당신 저변에 자리잡은 정서적 고통

- 당신은 어떻게 그 고통을 보완하는가
- 당신의 내면 갈등
- 당신의 성장점

패턴 시스템에서 **패턴**은 우리 자신뿐만 아니라 다른 사람들에게 문제를 일으키는 역기능적 행동을 말한다. 건강한 **역량**은 우리의 삶이 생산적이고 관계 속에서 행복하도록 우리가 느끼고 행동하는 방식이다. 패턴 시스템은 친밀, 권위, 성취, 자긍심과 같은 여러 심리 차원을 따라 패턴과 역량을 구축한다. 각 **차원**은 인간 복지에 중요한 심리 기능의 영역을 묘사하고 있다. 패턴 시스템은 10가지의 대인 차원(interpersonal dimension)을 비롯하여 다른 많은 차원을 포함한다(아래를 보라).

IFS와 패턴 시스템은 상호 보완적인 관계이다. 패턴 시스템은 인간 정신 세계의 심리적 내용에 관한 이론을 제공하고 있는 반면, IFS는 심리 문제의 치유와 변화를 가져다주는 강력한 프로세스를 제공하고 있다.

주의 : 패턴 시스템을 사용할 때는 부분의 패턴을 안다고 해서 그 부분을 안다고 가정하지 마라. 예를 들어 한 부분이 완벽주의자임을 깨달았다고 해서 당신이 그 부분에 대해 많이 안다는 의미는 아니다. 각 부분은 독특하므로 단순히 분류하여 한 카테고리(패턴)에 넣었다고 저절로 이해될 수 있는 것은 아니다. IFS를 사용하여 당신의 각 부분을 충분히 알아가되, 패턴 시스템을 바탕으로 해서 틀 안에 넣지 않기를 바란다.

친밀 차원

각 차원은 두 개 이상의 양극화된 패턴과 두 개 이상의 통합된 역량을 가지고 있다. 친밀 차원을 예로 들어 어떻게 각 차원이 구축되어 있는지 보여주고자 한다.

친밀 차원에서는 두 가지 패턴, 즉 의존적 패턴 및 거리두기 패턴이 있다.

- **의존적인 패턴**은 스스로를 돌보며 좋은 기분을 갖도록 파트너에 의존하는 것을 말한다. 이 패턴은 당신에게 맞지 않는 관계를 끊기 어렵게 만든다.
- **거리두기 패턴**은 친밀감을 회피하는 것을 말한다. 연인관계에서도 거리를 두거나, 파트너에 대한 헌신을 회피하거나, 전체적으로 친밀한 관계를 회피한다.

두 가지 건강한 역량 친밀과 자급자족은 이 두 패턴과 관련이 있다.

- **친밀**은 애정, 나눔, 섹스, 사랑, 돌봄을 통해 파트너에게 가까이 있는 능력을 말한다. 자급자족은 당신의 필요를 파트너가 채워주든지 그렇지 않든지 혹은 당신이 관계 속에 있지 않더라도 스스로를 돌보고, 안정된 좋은 느낌을 가질 수 있는 능력을 말한다.
- **자급자족**은 파트너가 당신의 필요를 충족시키든 그렇지 않든, 심지어 아무런 관계를 맺고 있지 않을지라도 자기 자신을 돌보며,

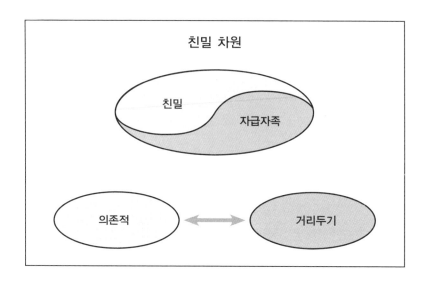

친밀 차원

친밀

자급자족

의존적 ←→ 거리두기

굳건히 기분 좋은 느낌을 가질 수 있는 능력을 말한다.

역량의 통합과 패턴의 갈등

자급자족은 친밀을 보완한다. 건강한 관계에서는 두 역량이 필요하다. 친밀은 당신이 누군가에 가까이 있도록 해 주며 자급자족은 자기 자신을 잃지 않으면서 가까운 관계에서 자신의 정체성을 유지하도록 해 준다. 만약 당신에게 자급자족의 역량이 있다면 당신은 파트너에게 지나치게 의존적이 되지는 않을 것이며 지나치게 비위를 맞추거나 돌보는 모습을 가지려고 애쓰지 않을 것이다.

　이것은 건강한 역량의 본성이다. 그들은 서로를 적대하기보다는 천부적으로 서로를 통합한다. 그들은 힘을 합하여 당신이 번영하도록 도와준다. 만약 이 역량을 다 가지고 있다면 당신은 밀착에 의존하지 않으면서 동시에 자신감을 가지고 사랑과 친밀을 즐길 수 있게 된다. 진정한 친밀은 자급자족의 역량으로 자신감을 가진 두 개인 사이의 관계를 말하는 것이다.

그림의 좌우 패턴은 건강한 역량에서와는 달리 서로를 통합하지 않는다. 만약 당신이 거리두기 패턴과 의존적 패턴을 둘 다 가지고 있다면 그들은 양극화될 것이다. 즉, 그들은 당신이 다른 사람들과 어느 정도의 관계를 맺을 것인가를 놓고 서로 싸운다는 의미이다. 어느 정도의 친밀감을 가질 것인가를 놓고 이 두 부분이 서로 싸우는 내면 갈등을 갖게 되는 것이다. 한 패턴은 관계 형성과 양육을 절실하게 필요로 하며, 다른 패턴은 두려움으로 인하여 밀착을 회피하려고 한다.

만약 당신이 한 차원에서 한 역량만을 가지고 있고 다른 것을 갖고 있지 않다면 그것은 진정으로 역량이라 할 수 없다. 예를 들어 만약 당신이 자급자족 없이 친밀감만을 가지고 있다면 그것은 진정한 친밀감이라 할 수 없다. 그것은 의존성이다. 그리고 만약 당신이 친밀함 없이 자급자족만을 가지고 있다면 그것은 거리두기에 다름 아니다. 이 같은 이유로 인해 역량의 본성은 자신들의 극성 역량을 통합시키는 것이라 할 수 있다. 예를 들면 친밀은 자급자족과 통합된다.

역량은 같은 편 패턴의 건강한 형태이다

자급자족은 거리두기의 건강한 형태—그림의 같은 쪽에 있는 패턴—이다. 흔히 거리두기는 파트너에게 의존하지 않도록 파트너와의 친밀한 관계를 끊어 버림으로써 자급자족이 되고자 하는 동기에서 생겨난다. 자기충족감을 느낄 수 있도록 당신의 갈급함을 끊어 버림으로써 모든 관계로부터 멀어지는 것이다. 그러나 자급자족 역량을 가지고 있을 때 당신은 파트너와 정말로 가까이 있으면서도 자율적이 되고 자신감을 가질 수 있다. 달리 말하면 거리두기는 자급자족의 역기능적 형태인 것이다.

유사한 상관관계가 그림의 왼편에도 적용된다. 친밀은 의존성의 건강한 형태로서 지나치게 보채지 않으면서 당신이 원하는 긴밀감을 갖는 것이다. 의존성은 흔히 파트너와 하나가 됨으로써 혹은 과도한 돌봄을 받음으로써 친밀감을 얻으려는 동기를 가지고 있다. 그러나 의존성은 종종 관계에서 자신의 정체성을 잃는다. 이로 인해 실질적으로 진정한 친밀감을 갖는 것이 불가능해진다. 진정한 친밀감을 갖기 위해서는 두 사람이 모두 자신들의 감각을 유지하는 자급자족 상태로 있어야 하기 때문이다. 달리 이야기하면 의존성은 친밀의 역기능적 형태이다.

그림의 한쪽 편에는 역량이 패턴의 건강한 형태이며 패턴은 역량의 역기능적 형태이다.

역량은 반대편 패턴을 변화시킨다

만약 당신에게 거리두기 패턴이 있다면 그 패턴을 해소시키거나 변화시키기 위해서 친밀 계발에 초점을 맞출 필요가 있다. 그림의 반대편에 있는 역량은 패턴을 변화시키기 위해 필요한 것이다. 친밀을 계발시키기 위해서는 당신이 가진 밀착에 대한 두려움을 헤치고 파트너에

다가서서 자신이 상처받기 쉬운 상태에 놓이기를 각오하며 혹시라도 발생할 수 있는 그 밖의 어려움도 헤쳐나갈 수 있는 용기가 필요하다.

동일한 원리가 반대편에도 적용된다. 만약 당신에게 의존성 패턴이 있다면 그것을 변화시키기 위해서는 그림의 반대편에 있는 역량인 자급자족이 필요하다. 자급자족하는 상태에서는 당신이 의존성에 빠지지 않게 하는 자신감과 내면 양육의 감각을 가지고 있다.

그 밖의 관계를 보여주는 또 하나의 그림이 있다.

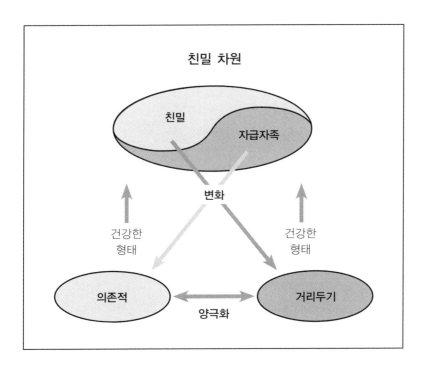

각 차원은 친밀 차원에서와 같이 두 개 이상의 패턴과 두 개 이상의
역량이라는 동일한 구조와 동일한 관계이다.

패턴 시스템에는 네 그룹 차원이 있다. 아래는 대인 차원 그룹에 대
한 그림이다.

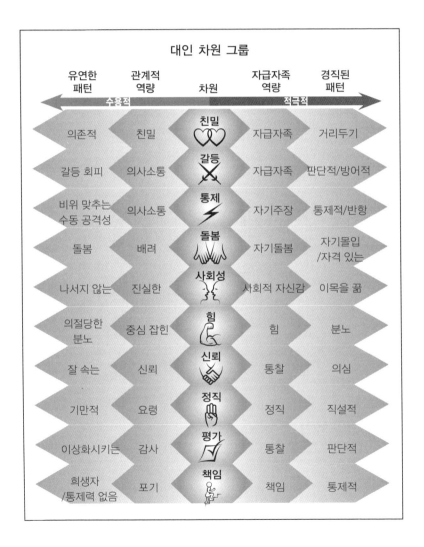

대인 차원 그룹

유연한 패턴	관계적 역량	차원	자급자족 역량	경직된 패턴
	수용적		적극적	
의존적	친밀	친밀 ♡♡	자급자족	거리두기
갈등 회피	의사소통	갈등	자급자족	판단적/방어적
비위 맞추는 수동 공격성	의사소통	통제	자기주장	통제적/반항
돌봄	배려	돌봄	자기돌봄	자기몰입 /자격 있는
나서지 않는	진실한	사회성	사회적 자신감	이목을 끔
의절당한 분노	중심 잡힌	힘	힘	분노
잘 속는	신뢰	신뢰	통찰	의심
기만적	요령	정직	정직	직설적
이상화시키는	감사	평가	통찰	판단적
희생자 /통제력 없음	포기	책임	책임	통제적

패턴 시스템에는 다음과 같은 세 가지 또 다른 차원 그룹이 있다.

- 내면 비판자 차원 그룹
- 개인 차원 그룹
- 개인 내적 차원 그룹

더 자세한 정보를 위해서는 저자의 책 패턴 시스템을 보거나 패턴 시스템 웹사이트[8] 혹은 패턴 시스템 위키[9]를 보라.

---

8 https://selftherapyjourney.com/Pattern/Beginning/Pattern_System.aspx
9 http://thepatternsystem.wikispace.com

부록 D

참고자료

웹사이트

저자의 IFS 웹사이트[10]에는 다양한 심리문제에 IFS 적용이라는 주제에 관련된 대중 및 전문기사가 실려 있다.

The Center for Self Leadership[11]는 리처드 슈워츠가 설립한 공식적인 IFS 기구이다. 웹사이트에는 IFS 기사, 훈련과정, 워크숍 및 IFS 치료사 명단이 실려 있다.

저자의 온라인 스토어[12]에는 책, e북, 오디오북, 안내 명상, IFS 데모 회기, 교육반 교육 녹음, 웨비나 등이 실려 있다.

Self-Therapy Journey(STJ)[13]는 IFS와 패턴 시스템을 바탕으로 심리치유와 개인 성장을 돕는 웹 애플리케이션이다.

---

10 http://www.personal-growth-programs.com
11 http://www.selfleadership.org
12 http://personal-growth-programs.com/products/
13 http://www.selftherapyjourney.com/?utm_source=electronic-book&utm_medium=link&utm_campaign=Prof-Guide

The Self-Therapy Online Community[14]는 IFS나 STJ를 사용하여 사람들이 관계 맺으며 질문도 하고 진척도를 나누는 장소이다.

The Pattern System website[15]에서는 패턴 시스템에 대한 기본 정보를 제공한다. The Pattern System wiki[16]에는 최신 정보가 요약된 형태로 실려 있다.

Quiz Central[17]에는 당신이 어떤 패턴과 역량을 갖고 있는지 이해하는 데 도움을 주는 퀴즈가 실려 있다.

기사, 특별제공, 퀴즈, 웨비나 및 교육반 공지 등을 받아보려면 저자의 이메일 명단[18]에 등록하라.

책

Self-Therapy. 참자아가 이끄는 소인격체 클리닉(역서). 혼자서 혹은 파트너와 함께 내면가족시스템(IFS) 회기를 진행하는 방법. 치료사들이 사용할 수 있는 IFS 방법의 매뉴얼이기도 함

Self-Therapy Workbook. 참자아가 이끄는 소인격체 클리닉 워크북(역서). 보니 와이스 지음. 참자아가 이끄는 소인격체 클리닉의 자매서

Self-Therapy, Vol. 3. 섭식문제, 뒤로 미루기, 내면 비판자, 우울증, 분

---

14 http://www.personalgrowthconnect.com

15 http://www.patternsystem.com/?utm_source=electronic-book&utm_medium=link&utm_campaign=STJ-booklet

16 http://thepatternsystem.wikispaces.com/

17 http://selftherapyjourney.com/Pattern/Beginning/Quiz_Central.aspx?utm_source=electronic-book&utm_medium=link&utm_campaign=Prof-Guide

18 https://selftherapyjourney.com/Register.aspx

노, 완벽주의, 수동 공격성, 희생자 등을 해결하기 위한 IFS 사용 단계별 안내서

Self-Therapy, Vol. 4. 추방자 및 그 밖의 부분들과의 작업을 위한 고급 IFS 기법 단계별 안내서. 출간 예정

Self-Therapy, Vol. 5. 치료사를 위한 고급 IFS 기법 단계별 안내서. 출간 예정. 이 책은 일차적으로 치료사를 위한 것이나 다른 사람들도 상당히 많은 것을 배울 수 있다.

User's Guides to Self-Therapy Journey. STJ의 작동법을 보여주는 세 개의 책자

- *The Professionals' Guide to Self-Therapy Journey*
- *Self-Therapy Journey: An Interactive Online Tool for Psychological Healing and Personal Growth*
- *Using Self-Therapy Journey to Stop Overeating*

Pattern Books.. 패턴 시스템의 특정한 패턴을 다루는 다섯 권의 책

- *Embracing Intimacy*
- *Taking Action*
- *Letting go of Perfectionism*
- *Beyond Caretaking*
- *A Pleaser No Longer*

Activating Your Inner Champion Instead of Your Inner Critic. 자기 비판을 자신감으로 변화시키기(역서). 보니 와이스 지음. 내면 비판자의 유형을 설명하고 당신의 유형에 대해 자세히 자료 수집할 수 있도록 도와준다. 각 유형은 특정 유형의 내면 비판자를 변화시킬 수 있는 특효약

인 내면 승리자를 가지고 있다. 이 책으로부터 당신은 또한 어떤 내면 비판자라도 그에 상응하는 독특한 내면 승리자에 대해 자료 수집을 할 수 있다.

The Pattern System. 패턴 시스템 전체에 대한 개관으로서 자신의 패턴을 바꾸는 작업을 하고자 하는 사람과 패턴 시스템을 사용하고 싶어 하는 전문가 모두를 위한 책

Conflict, Care and Love : Transforming Your Interpersonal Patterns. 패턴 시스템에 있는 네 가지 대인차원, 즉 친밀, 갈등, 통제 및 돌봄을 자세히 설명하고 있다.

Freedom from Your Inner Critic. 보니 와이스 지음. IFS를 내면 비판자 부분과의 작업에 적용한다.

Resolving Inner Conflict.. IFS를 사용하여 양극화와 작업하는 법을 보여준다.

Working with Anger in IFS. IFS를 통한 분노 치유하기(역서). IFS를 사용하여 격분이나 의절당한 분노와 작업하는 법을 보여준다.

Negotiating for Self-Leadership. 참자아 리더십 조기복원을 위한 소인격체 클리닉(역서). 당신의 삶에서 건강하게 행동하도록 IFS 보호자와 작업하는 법을 보여준다.

이 모든 책은 온라인 스토어[19]에서 구입할 수 있다.

---

[19] http://www.personal-growth-programs.com/store

오디오 제품

Inner Champion Meditations. 내면 승리자는 건강한 역량의 발전과 구현뿐만 아니라 각 내면 비판자 앞에서도 당신을 지원한다. 녹음된 안내 명상은 이 내면 승리자를 활성화시키기 위한 것이다.

Pattern Meditations. IFS를 사용하여 대부분의 패턴 시스템 패턴과 작업하기 위한 안내 명상이다.

Demonstration IFS Sessions. 설명을 곁들인 IFS 회기 녹음

Recorded Courses. IFS 기초반, IFS 추방자반, IFS 양극화반, 과식 극복반의 녹음

이 모든 오디오 제품도 역시 온라인 스토어에서 구입할 수 있다.[20]

교육반, 웨비나, 그룹

Webinars. 저자는 IFS, 셀프 테라피 저니, 패턴 시스템, 특정 패턴, 역량 및 상처에 대해 무료 웨비나를 제공하고 있다. 과거 웨비나 역시 온라인 스토어에서 구입할 수 있다.

IFS Courses. 저자는 IFS 기반의 자가치료에 관한 비디오 컨퍼런스 교육반과 IFS 기반의 내담자와의 작업에 관한 치료사 및 코치 교육반을 개설하고 있다.[21]

---

[20] http://www.personal-growth-programs.com/store
[21] http://www.personal-growth-programs.com/ifs-courses/basic-course/

Advanced IFS Courses. 저자는 참자아가 이끄는 소인격체 클리닉 시리즈에 실려 있는 고급 IFS 기법과 이해를 가르치는 비디오 컨퍼런스 교육반을 상시 개설하고 있다.[22] 어떤 것들은 치료사 및 여타의 돕는 전문가들을 위해 개설한 경험적인 교육반으로서 자원자들과 진행하는 데모 회기 및 숙제로 짝지어 회기 훈련하기가 포함되어 있다.

IFS Consultation/Training Groups. 저자는 IFS 치료사를 대상으로 추가 학습용 IFS 데모 회기가 포함된 컨설테이션 그룹반을 인도하고 있다.

교육반, 웨비나, 소그룹의 스케줄을 참조하라.[23]

---

22 http://www.personal-growth-programs.com/advanced-ongoing-ifs-class/
23 http://www.personal-growth-programs.com/ifs-courses/schedule/

지은이 소개

제이 얼리 Jay Earley, PhD

얼리 박사는 샌프란시스코 베이 지역에서 지난 40년간 심리치료를 해오고 있다. 그는 웹 애플리케이션 Self-Therapy Journey의 개발자이며, IFS와 패턴 시스템을 교육하고 있다. 저서로는 *Self-Therapy, Freedom from Your Inner Critic, The Pattern System, Activating Your Inner Champion, Resolving Inner Conflict, Interactive Group Therapy* 등이 있다.

옮긴이 소개

이진선

미국 러트거스대학교 Waksman 연구소(박사)

미국 예일대학교 의과대학 분자의학센터(박사후과정)

백석대학교 기독신학대학원 목회학(석사)

삼성의료원 폐암중개연구실

Official Lead Trainer in Internal Systems Therapy(국제자격증)

IFS 코칭상담사

MBTI 강사(한국MBTI 연구소)

STRONG 상담사(어세스타 한국심리검사연구소)

TA 전문상담사(한국교류분석협회)

IIIST Korea 공동대표

한국가정회복연구소(www.ifscenter.ewebstory.com) 대표

이혜옥

성산효대학원대학교 가족상담학(박사)

상명대학교 상담대학원 가족치료 전공(석사)

Official Lead Trainer in Internal Systems Therapy(국제자격증)

IFS 코칭상담사

심리치료사, 사회복지사, 미술치료사

TA 상담사(한국교류분석협회)

(주)휴먼스페이스 EAP 상담사

IIIST Korea 공동대표

한국가정회복연구소 상담소장

(재)자살방지한국협회 성남3지부장